本书由2022年度国家人权教育与培训基地重大项目"中国少数民族权利保护的理论逻辑、实践特点与世界意义"、中宣部宣传思想文化青年英才支持计划项目"社会主义与统一多民族国家的国家建设"及陕西省高校青年创新团队项目"铸牢中华民族共同体意识的法治保障研究"资助出版

# 铸牢中华民族共同体意识的法治保障研究

主 编 常 安

副主编 虎有泽 邵六益

知识产权出版社

全国百佳图书出版单位

—北京—

图书在版编目（CIP）数据

铸牢中华民族共同体意识的法治保障研究 / 常安主编；虎有泽，邵六益副主编 . —
北京：知识产权出版社，2024.9
ISBN 978-7-5130-9032-2

Ⅰ . ①铸…　Ⅱ . ①常…②虎…③邵…　Ⅲ . ①中华民族—民族意识—法治—研究
Ⅳ . ① D921.04

中国国家版本馆 CIP 数据核字（2024）第 243210 号

**内容提要**

本书聚焦铸牢中华民族共同体意识的法治保障这一关涉我国新时代国家治理现代化、
全面依法治国等重大方略的理论与现实课题，围绕法治与中华民族共同体建设的基本理论、
铸牢中华民族共同体意识的宪法基础、铸牢中华民族共同体意识视域下民族区域自治制度
的坚持与完善、全面推进民族团结进步事业的法治保障、各民族共同现代化的法治保障、
铸牢中华民族共同体意识的文化法治路径等内容展开全面、系统、深入的研究。

本书可供民族学、法学、政治学等关注铸牢中华民族共同体意识的研究者参考阅读，
也可供相关部门进行铸牢中华民族共同体意识宣传、教育、培训使用。

责任编辑：高　源　　　　　　　　　　　责任印制：孙婷婷

**铸牢中华民族共同体意识的法治保障研究**

ZHULAO ZHONGHUA MINZU GONGTONGTI YISHI DE FAZHI BAOZHANG YANJIU

常　安　主　编　　虎有泽　邵六益　副主编

| | | | |
|---|---|---|---|
| 出版发行：**知识产权出版社**有限责任公司 | 网　　址：http://www.ipph.cn |
| 电　话：010-82004826 | http://www.laichushu.com |
| 社　址：北京市海淀区气象路 50 号院 | 邮　编：100081 |
| 责编电话：010-82000860 转 8701 | 责编邮箱：laichushu@cnipr.com |
| 发行电话：010-82000860 转 8101 | 发行传真：010-82000893 |
| 印　刷：北京中献拓方科技发展有限公司 | 经　销：新华书店、各大网上书店及相关专业书店 |
| 开　本：720mm×1000mm　1/16 | 印　张：12 |
| 版　次：2024 年 9 月第 1 版 | 印　次：2024 年 9 月第 1 次印刷 |
| 字　数：172 千字 | 定　价：78.00 元 |

ISBN 978-7-5130-9032-2

2021 年 8 月召开的中央民族工作会议，提出了习近平总书记关于加强和改进民族工作的重要思想，进一步明确了铸牢中华民族共同体意识作为民族工作的主线的地位，为新时代党的民族工作提供了前进方向，指明了根本遵循。同时，本次中央民族工作会议还指出，"必须坚持依法治理民族事务，推进民族事务治理体系和治理能力现代化"。在全面深化依法治国的大背景下，"法律是治国之重器，法治是国家治理体系和治理能力的重要依托"；铸牢中华民族共同体意识，作为新时代民族工作的主线，也需要有科学完备的法律法规体系加以规范、引导、保障。铸牢中华民族共同体意识的各个方面，都应以法治作为坚实的保障，同时也需要在法治的轨道中运行。也正因为如此，铸牢中华民族共同体意识的法治保障，作为铸牢中华民族共同体意识的重要实践路径，便成为民族事务实务界和理论界共同关注的主题。而学界关于铸牢中华民族共同体意识法治保障的研究还停留在比较宏观的层面，一定程度上不能适应依法治理民族事务、推进民族事务治理现代化的紧迫现实需求。此外，关于铸牢中华民族共同体意识法治保障具体内容的探讨，有同质化的倾向。本书的编撰正是在此背景下展开的。本书力求直面紧迫的现实需求，对当前民族工作需要深入研究的领域精准发力，并且坚持稳中求进，既考虑民族工作法律法规体系的完善是一项系统工程，又充分注意策略性和操作性。

本书聚焦铸牢中华民族共同体意识的法治保障这一关涉我国新时代民

族工作、国家治理现代化、全面依法治国等重大方略的理论与现实课题，围绕法治与中华民族共同体建设的基本理论、宪法及民族区域自治法等相关法中铸牢中华民族共同体意识的法治保障、民族团结的法治保障、各民族共同现代化的法治保障等内容展开系统、深入研究，梳理了党的十八大以来民族政策变迁基础上形成的法学研究的理论发展脉络，反映了新时代中国法学界对于民族问题研究导向和相关话语的转变轨迹。

本书围绕铸牢中华民族共同体意识的法治保障这一主题，收录了近年来宪法学、立法学、法理学等领域的代表性科研成果。本书研究成果依托2022年度国家人权教育与培训基地重大项目"中国少数民族权利保护的理论逻辑、实践特点与世界意义"，在理论研究和实证调研基础上形成。

本书除引论外，一共三章。引论由常安撰写，主要介绍了我国的民族事务法治建设，应当将铸牢中华民族共同体意识的主线地位贯穿全过程。第一章由虎有泽、邵六益、程荣撰写，主要探讨宪法与相关法。第二章由常安、倪文艳、毛荣、胡曼撰写，主要探讨各民族共同现代化的法治保障。第三章由常安、胡曼撰写，主要探讨铸牢中华民族共同体意识的文化法治路径。

本书的不足之处，还请学界同人一起探讨。

# 引　论　铸牢中华民族共同体意识的
## 法治保障及其基本路径

2021 年 8 月召开的中央民族工作会议（以下简称"本次中央民族工作会议"），提出了习近平总书记关于加强和改进民族工作的重要思想，进一步明确了铸牢中华民族共同体意识作为民族工作的主线的地位；为新时代党的民族工作提供了前进方向、指明了根本遵循。作为我国民族事务治理重要内容的民族事务法治建设，也自然必须进一步明确铸牢中华民族共同体意识这一所有民族工作的"纲"的主线地位，把铸牢中华民族共同体意识的主线地位贯穿到我国民族事务法治建设的全过程。

同时，本次中央民族工作会议还指出，"必须坚持依法治理民族事务，推进民族事务治理体系和治理能力现代化"❶。在全面深化依法治国的大背景下，"法律是治国之重器，法治是国家治理体系和治理能力的重要依托"❷；铸牢中华民族共同体意识，作为新时代民族工作的主线，也需要有科学完备的法律法规体系加以规范、引导、保障。铸牢中华民族共同体意识的各个方面，都可以以法治作为坚实的保障，同时也需要在法治的轨道中运行。

铸牢中华民族共同体意识，需要增进各族人民的中华民族认同，这方面，宪法文本中对于中华民族共同体的相关记载及对于公民维护国家统一与民族团结等宪法义务的强调，可以充分发挥其作为国家根本大法在铸牢中华民族共同体意识之"共同体"理念型塑强化中的独特作用。铸牢中华

---

❶ 新华社 . 习近平在中央民族工作会议上强调 以铸牢中华民族共同体意识为主线 推动新时代党的民族工作高质量发展 [J]. 中国民族，2021（8）：5.

❷ 习近平 . 关于《中共中央关于全面推进依法治国若干重大问题的决定》的说明 [N]. 人民日报，2014-10-29.

民族共同意识，乃至整个民族工作，都需要朝增进共同性的方向努力。这也要求包括民族区域自治法在内的民族事务法律体系，必须朝着增进共同性的方向坚持和完善。铸牢中华民族共同体意识，促进各族人民对于中华文化的认同是根本路径，必须加强对包括中华文化形象和符号在内的中华文化体系的法治保障。铸牢中华民族共同体意识，不是抽象的学理或者口号，需要在广袤的民族地区地方治理中得以贯彻体现，因此，在全面依法治国的大背景下，民族地区地方立法如何进一步体现铸牢中华民族共同体意识，关系其在整个铸牢中华民族共同体意识法治保障体系中能否起到地基式的作用。铸牢中华民族共同体意识，除了通过政治、经济、文化措施，夯实共同体基础，还需要考虑整个共同体的安全巩固问题，因此，在法治保障层面，除了发挥法的正面规范指引功能，还需要通过划定制度和法律红线的方式，发挥法律的保护、评价功能，为铸牢中华民族共同体意识提供安全保障。

## 一、铸牢中华民族共同体意识的宪法基础：权威记载与宪法忠诚

本次中央民族工作会议上，习近平总书记强调，"铸牢中华民族共同体意识，就是要引导各族人民牢固树立休戚与共、荣辱与共、生死与共、命运与共的共同体理念"❶。在现代国家，法律，尤其是宪法所具备的最高权威性，可以通过发掘和宣传宪法文本中所具有的铸牢中华民族共同体意识蕴含，来增进各族人民的这种"休戚与共、荣辱与共、生死与共、命运与共的共同体理念"。实际上，现行宪法文本，尤其是序言，其本身就是各族人民几千年交往交流交融、近代以来共同抵抗外侮建立现代国家、中华人民共和国成立后共同建设社会主义现代化国家的一种历史过程记载；同时，宪法文本中对于"统一的多民族国家"之统一性的强调、对于单一制国家结构形式的明确、对于"维护国家统一和全国各民族团结"的公民义务的载明，都是以国家根本大法的方式，进一步巩固和凝聚中华民族共同体意识。

---

❶ 新华社. 习近平在中央民族工作会议上强调 以铸牢中华民族共同体意识为主线 推动新时代党的民族工作高质量发展 [J]. 中国民族，2021（8）：5.

在现代国家，宪法是一国治国安邦的总章程，作为国家的根本大法，除了规定公民的基本权利、国家机构的设置，还必须对一国的基本国情、宪制秩序形成中必须面对的重大命题进行宪法回应。因此，作为一个统一的多民族国家的最权威法律文本，可能尚无诸如"铸牢中华民族共同体意识"的直接表述，但不可能不去关注如何将一个分布广泛、民族众多的人群整合成为一个强有力的政治经济文化共同体这一最根本性的宪制命题。同时，作为国家的根本大法，也意味着其可以将本国人民的政治共识，以制宪权的方式，载明于宪法文本之中，并经由宪法文本的权威记载，如对于政治共同体统一性的彰显、基本政治制度的强调、对于公民基本义务的明确，来塑造公民对于这个特定的政治共同体之宪法认知和宪法忠诚义务。

所以，就现行宪法文本而言，虽然并无关于"铸牢中华民族共同体意识"的直接表述，但这并不意味着其缺乏对于"中华民族共同体"宪法保障的蕴含与追求。而且，在2018年《中华人民共和国宪法修正案》（以下简称《宪法修正案》）中，"中华民族"入宪，更是为铸牢中华民族共同体意识，从国家根本大法层面提供了权威依据与保障。因此，在全面依法治国、依宪治国的大背景下，我们可以以铸牢中华民族共同体意识为主线，充分挖掘、彰显现行宪法所蕴含的丰富的铸牢中华民族共同体意识内容，发挥宪法作为根本大法在铸牢中华民族共同体意识法治保障中的独特、权威作用。

"中国是世界上历史最悠久的国家之一。中国各族人民共同创造了光辉灿烂的文化，具有光荣的革命传统。"❶ 这一句，深刻阐明了这样一个基本历史事实：中国作为"统一的多民族国家"，面对近代以来内忧外患、风雨飘摇的格局之所以没有分崩离析，与中国各族人民共同创造的几千年绵延不绝、根深叶茂、光辉灿烂的中华文明这一"历史中国"根基有莫大关联。本次中央民族工作会议也指出，"必须坚持正确的中华民族历史观，

---

❶　中华人民共和国宪法 [N].人民日报，2018–03–22.现行《宪法》第一句，来自于毛泽东等的《中国革命和中国共产党》第一章对于"中华民族"的阐述，参见毛泽东选集（第二卷）[M].北京：人民出版社，1991：621–622.

增强对中华民族的认同感和自豪感"。因此，我们理解现行宪法文本中涉及民族条款的内容，首先必须意识到，之所以将中国悠久的历史、中华文化的光辉灿烂写入现行《宪法》序言，正是在于，在"统一的多民族国家"这一宪法叙事中，"统一"是前提，"多民族"是具体体现。现行《宪法》序言以首句的方式对中国历史和中华文化的强调，正在于以国家根本大法的方式，彰显中华民族历史的统一性。

而现行《宪法》序言从第三段到第五段对于近代中国之革命中国的叙述，阐述的是中华民族从自在到自觉的这一段关键历史。❶ 近代中国，对于中华民族意识的觉醒是一关键时期，面对列强入侵、边疆危机，各族人民意识到，只有紧密团结起来，休戚与共、荣辱与共、生死与共、命运与共，才能真正赢得国家独立、民族解放、人民民主；也正是在近代，书写出了各族人民共同抵抗外侮、浴血奋战的可歌可泣的中华民族史诗。也正因为如此，现行《宪法》序言第十一段以国家根本大法的方式指出："中华人民共和国是全国各族人民共同缔造的统一的多民族国家。"本次中央民族工作会议指出，"要全面推进中华民族共有精神家园建设，要在党史、新中国史、改革开放史、社会主义发展史学习教育中，深入总结我们党百年民族工作的成功经验，深化对我们党关于加强和改进民族工作重要思想的研究"❷；而从《宪法》序言中记载的中国共产党领导中国各族人民，共同缔造统一的多民族国家这一革命中国的党史视角出发，无疑也应当作为当下铸牢中华民族共同体意识研究的一个重点方面。

---

❶ "二十世纪，中国发生了翻天覆地的伟大历史变革。一九一一年孙中山先生领导的辛亥革命，废除了封建帝制，创立了中华民国。但是，中国人民反对帝国主义和封建主义的历史任务还没有完成。一九四九年，以毛泽东主席为领袖的中国共产党领导中国各族人民，在经历了长期的艰难曲折的武装斗争和其他形式的斗争以后，终于推翻了帝国主义、封建主义和官僚资本主义的统治，取得了新民主主义革命的伟大胜利，建立了中华人民共和国。从此，中国人民掌握了国家的权力，成为国家的主人。"参见中华人民共和国宪法 [N]. 人民日报，2018-03-22.

❷ 新华社. 习近平在中央民族工作会议上强调 以铸牢中华民族共同体意识为主线 推动新时代党的民族工作高质量发展 [J]. 中国民族，2021（8）：6.

2018 年宪法修改，"实现中华民族伟大复兴"入宪。实现中华民族伟大复兴，是近代以来中华民族最伟大的梦想，此次被明确载入现行宪法，无疑为铸牢中华民族共同体意识增添了浓墨重彩的一笔。本次中央民族工作会议提出的加强和改进民族工作的十二个坚持，第一个坚持就是"必须从中华民族伟大复兴战略高度把握新时代党的民族工作的历史方位，以实现中华民族伟大复兴为出发点和落脚点，统筹谋划和推进新时代党的民族工作"❶。因此，我们必须从中华民族伟大复兴这一政治大局的高度，以铸牢中华民族共同体意识为主线，来把握新时代党的民族工作的政治意义。《宪法修正案》中爱国统一战线的内容修改为"包括全体社会主义劳动者、社会主义事业的建设者、拥护社会主义的爱国者、拥护祖国统一和致力于中华民族伟大复兴的爱国者的广泛的爱国统一战线"❷，则同样是着眼于以中华民族伟大复兴作为团结海内外中华儿女的核心政治认同基础。宪法作为国家的根本大法，宪法文本中的"中华民族"的叙事彰显，可以为我们进行铸牢中华民族共同体意识教育提供坚实的宪法依据。

现行宪法文本中对于民族团结、民族关系、民族区域自治制度、自治机关、自治权等条款的规定，同样可以发掘丰富的铸牢中华民族共同体意识内涵。❸宪法的文本规定，是一个结构化、体系化的规定。因此，对于

❶　新华社．习近平在中央民族工作会议上强调　以铸牢中华民族共同体意识为主线　推动新时代党的民族工作高质量发展 [J]．中国民族，2021（8）：5.

❷　中华人民共和国宪法 [N]．人民日报，2018-03-22.

❸　如现行《宪法》第四条，明确强调"国家保障各少数民族的合法的权利和利益，维护和发展各民族的平等团结互助和谐关系。禁止对任何民族的歧视和压迫，禁止破坏民族团结和制造民族分裂的行为"；现行《宪法》第五十二条规定，"中华人民共和国公民有维护国家统一和全国各民族团结的义务"。现行《宪法》第三章第六节对于民族区域自治地方自治机关、自治权的相关规定，也并不是孤立存在于整个宪法文本之外，民族自治地方的自治机关，既是自治机关，又是中央政府的下级机关，是我国国家机关体系的有机组成部分，也必须坚持党的领导，必须坚持中国共产党领导这一"中国特色社会主义最本质的特征"（现行《宪法》第一条），必须服从于人民代表大会制度这一我国的根本政治制度（《宪法》第二条），必须遵循民主集中制原则（《宪法》第三条）、为人民服务原则（《宪法》第二条）、权责统一原则、精简与效率原则（《宪法》第二十七条）、法治原则（《宪法》第五条）等我国国家机构体系的组织和活动原则。

宪法文本，我们必须从铸牢中华民族共同体意识的主线角度，进行全面、系统的理解。同时，充分发挥宪法文本在彰显中华民族共同体理念、维护国家制度法律体系统一性、强调公民宪法忠诚义务等方面的独特作用，为"引导各族人民牢固树立休戚与共、荣辱与共、生死与共、命运与共的共同体理念"提供坚实的宪法保障。

## 二、坚持和完善民族区域自治制度，维护社会主义法治体系的统一和尊严

我国是统一的多民族国家，民族事务治理是我国国家治理的重要组成部分。中华人民共和国成立以来，我国形成了以民族区域自治制度为核心的民族事务治理法律体系。因此，如何坚持和完善民族区域自治制度、正确行使民族区域自治权，便成为我们思考铸牢中华民族共同体意识法治保障必须面对的焦点议题。本次中央民族工作会议强调"必须坚持和完善民族区域自治制度，确保党中央政令畅通，确保国家法律法规实施，支持各民族发展经济、改善民生，实现共同发展、共同富裕"❶，为我们在新形势下思考如何坚持和完善民族区域自治制度，夯实铸牢中华民族共同体意识法治保障体系的关键一环，指明了方向。

坚持和完善民族区域自治制度，必须以铸牢中华民族共同体意识为主线，始终坚持党的领导，始终把社会主义作为民族区域自治制度的根本制度属性，始终"把维护国家统一和民族团结作为实施这一制度的根本目的"❷。回溯民族区域自治制度在我国的奠基历程，我们可以发现，缔造一个友爱、团结、互助、合作的中华民族大家庭，是这一政治制度的制度愿景。社会主义是这一制度作为我国解决民族问题的"新办法"相比于中国

---

❶ 新华社.习近平在中央民族工作会议上强调 以铸牢中华民族共同体意识为主线 推动新时代党的民族工作高质量发展 [J].中国民族，2021（8）：5.

❷ 尤权.做好新时代党的民族工作的科学指引——学习贯彻习近平总书记在中央民族工作会议上的重要讲话精神 [J].求是，2021（21）：52.

古典羁縻制度的"旧办法"之"新"意所在。❶ 对于民族区域自治制度的理解，我们首先需要把握住其社会主义的制度属性，把握住其铸牢中华民族共同体意识的制度初衷。❷ 而中华人民共和国成立初期民族区域自治制度以社会主义的方式，成功促进了统一的多民族国家的国家建设的历史事实❸，以及民族区域自治制度实施几十年来在维护国家统一、领土完整、民族团结、促进民族地区经济社会发展、增强中华民族凝聚力等方面发挥的重要作用，都足以证明，民族区域自治制度只有在坚持党的领导、坚持社会主义的制度属性、坚持以铸牢中华民族共同体意识为制度依归的前提下，才能真正得以发展和完善。

民族区域自治，其制度初衷，在于维护国家统一和民族团结；民族区域自治权的行使，同样需要遵守宪法和法律的规定，维护社会主义法治体系的统一和尊严。❹ "民族自治地方自治机关的首要职责是维护党中央权威，确保党中央政令畅通，确保国家法律法规实施。"❺ 民族区域自治制度

❶ "几千年来，历代中央政权经略民族地区，大都是在实现政治统一的前提下，实行有别于内地的治理体制，秦汉的属邦属国、唐的羁縻州府、元明清的土司，莫不如此。但这些制度，正如毛泽东同志所说，是'老办法'，实质是'怀柔羁縻'……我们党发明在单一制的国家体制下，实行民族区域自治这个'新办法'，既保证了国家的集中统一，又实现了各民族当家作主。"参见国家民族事务委员会. 中央民族工作会议精神学习辅导读本 [M].北京：民族出版社，2015：72.

❷ 参见常安. 缔造社会主义的中华民族大家庭：新中国民族区域自治制度的奠基历程 [J].学术月刊，2019（9）：95–108.

❸ 参见常安. 社会主义与统一多民族国家的国家建设（1947—1965）[J].开放时代，2020（1）：111–132.

❹ 我国《宪法》规定，"国家维护社会主义法治的统一和尊严"，"地方各级人民代表大会在本行政区域内，保证宪法、法律、行政法规的遵守和执行"；《中华人民共和国立法法》规定，"自治条例和单行条例可以依照当地民族的特点，对法律和行政法规的规定作出变通规定，但不得违背法律或者行政法规的基本原则，不得对宪法和民族区域自治法的规定以及其他有关法律、行政法规专门就民族自治地方所作的规定作出变通规定"；《中华人民共和国民族区域自治法》也规定，"民族自治地方的自治机关必须维持国家的统一，保证宪法和法律在本地方的遵守和执行"。

❺ 尤权. 做好新时代党的民族工作的科学指引——学习贯彻习近平总书记在中央民族工作会议上的重要讲话精神 [J].求是，2021（21）：52.

的发展与完善，民族区域自治法的实施、自治机关自治权的行使，都必须遵循宪法、法律的规定，不得与国家法律相抵触。在新形势下，我们思考民族事务法律体系的健全和完善，同样需要遵循宪法和法律的相关规定，需要将铸牢中华民族共同体意识作为民族事务立法"立、改、废、释"的衡量标准以维护社会主义法制统一和法治尊严。

民族区域自治，既包含了民族因素，也包含了区域因素。"民族区域自治不是某个民族独享的自治，民族自治地方更不是某个民族独有的地方。这一点必须搞清楚，否则就会走到错误的方向去。"❶ 因此，绝对不能把民族区域自治简化为"民族自治"；这是对民族区域自治之区域因素有意无意的混淆，也是对民族区域自治制度之"大杂居、小聚居、交错杂居"的制度地理基础和几千年中华各族人民交往交流交融历史的漠视和忽视。2014 年中央民族工作会议上，习近平总书记明确强调："自治区戴了某个民族的'帽子'，是要这个民族担负起维护国家统一、民族团结的更大责任"，在自治地方，各民族享有平等的法律地位，共同建设各项事业，共享建设发展成果。❷

在本次中央民族工作会议上，就如何提升民族事务治理体系和治理能力现代化水平，习近平总书记指出，"要根据不同地区、不同民族实际，以公平公正为原则，突出区域化和精准性，更多针对特定地区、特殊问题、特别事项制定实施差别化区域支持政策"❸。根据不同地区、不同民族实际，突出区域化，同样是民族区域自治之区域因素的一个体现；而以公平公正为原则，突出精准性，"更多针对特定地区、特殊问题、特别事项制定实施差别化区域支持政策"，既是国家治理能力提升的体现，也是

---

❶ 国家民族事务委员会. 中央民族工作会议精神学习辅导读本 [M]. 北京：民族出版社，2015：81.

❷ 国家民族事务委员会. 中央民族工作会议精神学习辅导读本 [M]. 北京：民族出版社，2015：82.

❸ 新华社. 习近平在中央民族工作会议上强调 以铸牢中华民族共同体意识为主线 推动新时代党的民族工作高质量发展 [J]. 中国民族，2021（8）：6.

2014 年中央民族工作会议中强调"基本公共服务均等化"、注重精准施策的进一步深化发展。

落实民族区域自治制度，关键是帮助自治地方发展经济、改善民生，因此，本次中央民族工作会议在阐述坚持和完善民族区域自治制度时，再一次强调了要"支持各民族发展经济、改善民生，实现共同发展、共同富裕"❶。"支持各民族发展经济、改善民生"，体现的是社会主义国家对于民族地区经济社会发展、民生改善、少数民族权利保护所天然奉行的道义自觉和宪法责任；而各民族共同团结奋斗、共同繁荣发展、共同建设社会主义现代化国家、实现共同富裕的奋斗历程，本身也是一种巩固共同情感、塑造集体记忆、增加共同性、铸牢中华民族共同体意识的社会进程。

当前，我国各民族在社会生活中紧密联系的广度和深度前所未有，我国大杂居、小聚居、交错杂居的民族人口分布格局不断深化，呈现出大流动、大融居的新特点；我们的民族工作也面临着新的阶段性特征。我们必须坚决贯彻和落实习近平总书记关于加强和改进民族工作的重要思想，适应改革开放以来我国民族工作所出现的诸如人口流动、分布格局变化等新特点、新挑战和市场化、城市化、信息化背景下民族自治地方的新发展格局，以铸牢中华民族共同体意识为主线，与时俱进推进民族区域自治制度的发展与完善工作。

## 三、以中华文化保护法律体系作为铸牢中华民族共同体意识法治保障的重要发力点

"文化是一个民族的魂魄，文化认同是民族团结的根脉。"❷就铸牢中华民族共同体意识而言，除了从经济、社会层面促进各民族的交往交流交融、建立全方位嵌入型社会结构等方面发力，更需要充分认识到中华文化认同对于铸牢中华民族共同体意识的根本性意义所在；积极推进中华民族

---

❶　新华社. 习近平在中央民族工作会议上强调 以铸牢中华民族共同体意识为主线 推动新时代党的民族工作高质量发展 [J]. 中国民族，2021（8）：5.

❷　习近平. 在全国民族团结进步表彰大会上的讲话 [N]. 人民日报，2019-09-28.

共有精神家园建设，树立和突出各民族共享的中华文化符号和形象，促进全国各族人民对于中华文化的认同，夯实中华民族共同体建设的文化、心理基础。

就铸牢中华民族共同体意识的法治保障而言，如果说坚持和完善民族区域自治制度是其必须面对的焦点议题，那么建立更为完备的中华文化法律保护体系则可以起到弥补短板、重点发力的作用。纵观我国现行的文化法治体系，可以说，在坚持正确的中华民族历史观、强调中华民族共有文化的整体性、树立和突出各民族共享的中华民族文化符号与中华民族形象等方面，还有很大的潜力和空间。"立法是传统文化传承最为稳定的路径。立法是官方路径、制度路径，因而也是最具稳定性的路径。立法可以将传统文化的物化器物、生产技能、民俗工艺、典籍思想、价值标准、行为规范等，划定为法律的保障对象；可以确认、保护、捍卫某些文化价值观，表达国家倡导的价值准则和行动标准。"❶ 在全面推进中华民族共有精神家园建设中，我们也可以充分运用法律方式和法治思维，通过建立更为完备的中华文化法律保护体系，充分发挥法的确认、引导、保障功能，以法治保护中华文化，为铸牢中华民族共同体意识奠定文化法治基础。

我国现行的文化法治体系，主要包括文化权利保护、文化产业促进、国家文化管理等方面的内容。❷ 具体到法律法规，则主要集中在《公共文化服务保障法》《非物质文化遗产法》《文物保护法》《国家通用语言文字法》等法律，以及诸如《长城保护条例》《博物馆条例》等行政法规。在上述法律、行政法规中，均阐明了传承中华优秀传统文化等立法目的："……传承中华优秀传统文化，弘扬社会主义核心价值观，增强文化自信，

---

❶ 杨建军.通过立法的文化传承[J].中国法学，2020（5）：129.

❷ "从我国文化宪法的基本构架来看，我国社会主义文化法制的基本内容，主要是以宪法上的'建设社会主义文化强国'等'国家目标规定'为依据，以'文化基本制度'为基础，以'文化基本权益保障'和'国家文化职权'为'主线'，包括'文化权益保护法制''公共文化服务法制''文化市场管理法制'与'文化产业促进法制'等国家'文化法制'类型。"参见周刚志.论国家文化法制体系——基于文化与法治关系的理论视角[J].政法论丛，2020（6）：115.

促进中国特色社会主义文化繁荣发展，提高全民族文明素质"（《公共文化服务保障法》）；"为了继承和弘扬中华民族优秀传统文化，促进社会主义精神文明建设，加强非物质文化遗产保护、保存工作"（《非物质文化遗产法》）。但客观而言，现行有关法律在如何通过立法阐明中华民族共有文化的整体性、如何进一步弘扬正确的中华民族历史观、如何给予各民族共享的中华民族文化符号形象以充分有效的立法保障等方面，还远远不能适应目前促进中华文化认同乃至整个铸牢中华民族共同体意识这一新时代我国民族工作的"纲"的需求。❶

铸牢中华民族共同体意识，正确把握共同性和差异性是首要原则。在这之中，共同性是主导，是方向、前提和根本；尊重和包容差异性是需要的，差异性丰富多彩，共同体才能展示出包容性和活力；但绝不能让差异性削弱和损害共同性，更不能以尊重和包容差异性为理由来固化、强化差异性中落后的、影响民族进步的因素。我们在构筑中华民族共有文化家园的法制保障体系中，也无疑应该贯彻和落实这一原则。如对少数民族非物质文化遗产的立法保护，其立法宗旨应该是铸牢中华民族共同体意识、构筑中华民族共有精神家园、增进各民族对于中华文化的认同；其立法方向，应该是增进共同性，而非固化、强化差异性。在文物保护法治、非物质文化遗产法治中，应当注重挖掘中华文化资源和体现各民族交往交流交融的历史，推动中华优秀传统文化在各民族间的共有、共享、共赏和共传。

人是符号的动物（卡希尔）。铸牢中华民族共同体意识、构筑中华民族共有精神家园，必须"打造一批具有中华文化底蕴、充分汲取各民族文化营养、融合现代文明的书籍、舞台艺术作品、影视作品、美术作品，树立和突出各民族共享的中华文化符号和中华文化形象"❷。如何给予中华文

---

❶　甚至是文化法治领域本身，也被认为存在"文化领域的立法数量总体偏少""文化立法层次仍然较低""文化建设各领域立法不平衡""文化执法的保障仍然不够充分"等"文化法治滞后局面"。参见韩业庭. 时隔九年，全国文化法治工作会议再次召开，雒树刚表示5年内改变文化法治滞后局面 [N]. 光明日报，2015-05-20.

❷　尤权. 做好新时代党的民族工作的科学指引——学习贯彻习近平总书记在中央民族工作会议上的重要讲话精神 [J]. 求是，2021（21）：52.

化符号和中华文化形象以强有力的立法保护，是我们在思考铸牢中华民族共同体意识法治保障这一重要战略任务时必须考虑的因素。在诸如基本公共服务立法保护、非物质文化遗产保护中，应当注意通过立法保护的方式，充分发挥法的规范、激励、保障作用，树立和突出各民族共享的中华文化符号和中华民族视觉形象。也就是说，以往常常被视为文化旅游立法层面的，诸如长城国家文化公园、大运河国家文化公园、黄河国家公园、秦岭国家公园的立法保护，需要从铸牢中华民族共同体意识、构筑中华民族共有精神家园、树立和突出各民族共有的中华文化符号与中华文化形象的政治高度上加以把握。而立法、守法过程中的区域协同、各民族交往交流交融，本身也是铸牢中华民族共同体意识、增强中华文化认同的一种现实过程。

习近平总书记高度重视红色文化资源在铸牢中华民族共同体意识中的独特作用。2021年3月5日习近平在参加内蒙古代表团审议时，强调要在党史学习教育中用好红色资源。❶我们需要进一步加强对红色文化资源的立法保障工作，充分挖掘红色文化资源在铸牢中华民族共同体意识中的巨大潜力和独特价值，适时出台全国性的红色文化资源保护立法。目前的红色文化资源保护，还多停留在地方立法的层面，层级低、体系散，不能够充分发挥红色文化资源在铸牢中华民族共同体意识中的重要作用。有必要以国家立法的方式，明确红色文化资源的内涵，确立红色文化资源合理保护和利用的基本原则，并从铸牢中华民族共同体意识的政治高度出发，将红色文化资源作为各民族共享的集体记忆和文化符号进行充分、有效的立法保护。

---

❶ "在党史学习教育中要用好这些红色资源，组织广大党员、干部重点学习党史，同时学习新中国史、改革开放史、社会主义发展史，做到学史明理、学史增信、学史崇德、学史力行，做到学党史、悟思想、办实事、开新局，特别是要在坚持走中国特色解决民族问题正确道路、维护各民族大团结、铸牢中华民族共同体意识等重大问题上不断提高思想认识和工作水平。"参见习近平在参加内蒙古代表团审议时强调：完整准确全面贯彻新发展理念 铸牢中华民族共同体意识 [EB/OL]．（2021-03-10）[2021-06-06]．https：//m.gmw.cn/baijia/2021-03/10/34675786.html.

"作为国家通用语言文字的普通话和规范汉字，其推广和普及除了具有提高各族人民科学文化水平以及促进各地区经济、社会交流等现实功能以外，另外一个不可忽视的功能便是国家通用语言文字本身所体现的国家主权和民族尊严的象征符号功能。"❶ 我们需要充分意识到推广普及国家通用语言文字对于铸牢中华民族共同体意识这一我国民族工作主线的重要意义，认识到推广普及国家通用语言文字对于少数民族公民受教育权、就业工作权、文化权利保护的巨大价值。我们强调保护少数民族语言文字的权利，但同样不能对其片面理解，不能以保护少数民族语言文字权利为借口削弱国家通用语言文字的宪法地位，阻碍国家通用语言文字在民族地区的推广，妨害少数民族公民使用国家通用语言文字权利的享有。因此，铸牢中华民族共同体意识，必须坚定不移地推广普及国家通用语言文字，全面加强国家通用语言文字教育教学，推动修订《国家通用语言文字法》，明确"大力推广国家通用语言文字，科学保护少数民族语言文字"的基本原则和国家通用语言文字的优先地位，"使国家通用语言文字在提高各族人民科学文化水平、推动各民族共同走向社会主义现代化的进程中发挥更大作用，同时进一步彰显国家通用语言文字作为国家主权标志、各民族共有共享的中华文化符号和形象的象征功能"❷。

### 四、加强和改进民族工作地方立法，夯实中华民族共同体建设的地方法治之基

无论是铸牢中华民族共同体意识还是铸牢中华民族共同体意识的法治保障，最终都要落实到地方民族工作的具体治理过程之中；地方民族工作的具体治理，也直接关系到各族人民对包括铸牢中华民族共同体意识在内的党和国家大政方针的第一印象。因此，在我国的民族事务法律法规体系中，民族工作地方立法尽管位阶最低，但在整个铸牢中华民族共同体意识

---

❶ 常安.论国家通用语言文字在民族地区的推广和普及——从权利保障到国家建设 [J].西南民族大学学报（哲学社会科学版），2021（1）：8.

❷ 常安.坚持依法治理民族事务 [N].中国民族报，2021–11–09.

法治保障的大厦中发挥着地基式的作用。民族工作地方立法，是否能够全面、准确地贯彻铸牢中华民族共同体意识这一新时代民族工作的主线和任务，对于铸牢中华民族共同体意识的法治保障，乃至对整个铸牢中华民族共同体意识工作的促进至关重要。我们强调坚持依法治理民族事务、提升民族事务治理体系和治理能力现代化，都必须以铸牢中华民族共同体意识为衡量标准，加强和改进民族工作地方立法，夯实中华民族共同体建设的地方法治之基。

民族自治地方的地方立法，是我国社会主义法律体系的重要组成部分；我国《宪法》《立法法》《民族区域自治法》均就民族自治地方的地方立法权做了相应规定。❶同时，随着市场化、城市化、信息化的程度加深，在大流动、大融居的背景之下，民族工作与民族工作立法的领域、场域、范围也在发生变化，一些非民族自治地方，也需要面对民族事务处理和相应的立法需求；尤其是，铸牢中华民族共同体意识的战略任务是全国一盘棋，非民族自治地方在诸如中华文化符号与中华文化形象的立法保护、红色文化资源的立法保护等方面，也有很大的施展空间。

诚如有学者指出的，"民族自治区域通过立法权的行使，已经初步建立了凸显民族自治地方政治、经济和文化特点的自治地方法规体系，实现了部分涉及调整本区内的民族关系、文化传承、经济发展等方面的立法，为维护国家整体的政治统一和地方发展、民族进步发挥了积极作用。同时，我们也应该看到，从民族自治地方立法的数量来看，明显偏少，立法效率也不够高；从立法质量来看，需要提升的空间也很大"❷。如果我们以铸牢中华民族共同体意识这一新时代民族工作的主线和"纲"作为衡量标

❶ 如《立法法》（2023 年修正）第八十五条规定，"民族自治地方的人民代表大会有权依照当地民族的政治、经济和文化的特点，制定自治条例和单行条例……自治条例和单行条例可以依照当地民族的特点，对法律和行政法规的规定作出变通规定，但不得违背法律或者行政法规的基本原则，不得对宪法和民族区域自治法的规定以及其他有关法律、行政法规专门就民族自治地方所作的规定作出变通规定"。

❷ 边巴拉姆.民族区域自治地方立法评析——以五十年来西藏自治区立法为例[J].中央民族大学学报（哲学社会科学版），2015（5）：23.

准的话，目前的民族地区地方立法，由于历史的阶段性任务不同、立法水平的不等，对于铸牢中华民族共同体意识的指导思想体现、具体内容贯彻方面不尽一致。

我们以民族团结地方立法为例。十余年来，我国民族团结地方立法体系不断发展，在具体立法文本中对民族团结进步创建的指导思想、协同主体、工作机制、财政支持、法律责任等方面进行了更为细化的规定，对我国民族团结进步创建事业起到了有力的规范、指引、保障作用。但是，我们也应当看到，目前的民族团结地方立法，还存在诸多可以提升的空间。如有的将"民族团结进步"事业局限于"民族团结创建"工作；有的缺乏促进民族团结进步的长效机制；有的缺乏对中央精神的及时关注，未能充分发挥民族自治地方立法的特色优势；还有的对上位立法理解不够，甚至存在一些认知上的错误。铸牢中华民族共同体意识，已于 2017 年载入《中国共产党章程》；2019 年的全国民族团结进步表彰大会上，习近平总书记再次重申，"实现中华民族伟大复兴的中国梦，就要以铸牢中华民族共同体意识为主线，把民族团结进步事业作为基础性事业抓紧抓好"❶。

因此，民族工作地方立法，必须遵循宪法和相关国家法律的规定，不得与国家法律相抵触；必须坚决贯彻习近平总书记关于加强和改进民族工作的重要思想，以铸牢中华民族共同体意识为衡量标准，顺应党的十九大以来党和国家推进法律法规合宪性审查和地方立法清理工作通行做法，对民族工作地方立法及时进行立改废释，全面维护宪法权威和国家法治统一，夯实铸牢中华民族共同体意识的地方法治之基。

同时，作为民族工作法律法规体系的重要组成部分，民族工作地方立法，在铸牢中华民族共同体意识方面，也可以充分发挥地方立法的优势，先行先试。❷民族工作地方立法，可以在诸如民族团结进步促进、发挥红

---

❶　习近平 . 在全国民族团结进步表彰大会上的讲话 [N]. 人民日报，2019-09-28.

❷　"就国家尚未制定法律或者行政法规的事项，通过地方性法规先行先试，包括五个经济特区的法规。这是赋予地方立法权的一个重要目的。"参见许安标 . 我国地方立法的新时代使命——把握地方立法规律　提高地方立法质量 [J]. 中国法律评论，2021（1）：4.

色文化资源在铸牢中华民族共同体意识中的作用、中华文化符号和中华民族形象的立法保护等方面，发挥地基式的作用。就铸牢中华民族共同体意识而言，搜集、整理、挖掘各民族交往交流交融、共同团结进步的历史，塑造中华民族共同的历史记忆；通过地方文化遗产保护，强化作为地方性知识的少数民族文化作为中华文化不可分割的一部分之意义世界；挖掘、传承、保护地方丰富的红色文化资源，将其作为各族人民共同的集体记忆和中华精神载体；完善地方教育体系，推广普及国家通用语言文字；积极弘扬社会主义核心价值观；均大有可为，也均需要地方立法的主动、及时、充分、有效的保障。❶

## 五、运用法治思维处理民族事务，以法治为中华民族共同体建设提供安全保障

安全，是政治共同体生存和发展的基本前提，只有在一个良好的共同体秩序和安全环境之下，这个共同体才有可能得到巩固和发展，其根本利益也才有可能得以维护。如何以一种恰当的方式，确保政治共同体的安全、保障政治共同体的秩序，无疑是一个政治共同体在其制度构建中必须考虑的价值目标。在诸多制度构建的方式和手段中，法治以其对秩序价值的天然追求、对社会行为的规范和约束作用，以及相比于其他社会规范的独有的国家强制性，可以为政治共同体的巩固和发展，提供坚实的安全保障。

就铸牢中华民族共同体意识而言，除了通过政治、经济、文化等方面的措施来夯实共同体基础，还必须考虑整个共同体的安全保障问题。在法治保障层面，必须通过划定制度和法律红线的方式，发挥法的规范与保护功能，为铸牢中华民族共同体意识提供安全保障。本次中央民族工

❶ 如 2021 年 1 月通过的《内蒙古自治区促进民族团结进步条例》，其第五条规定，"促进民族团结进步，应当以铸牢中华民族共同体意识为主线，坚持中华民族多元一体格局，增进共性、促进一体，尊重差异、包容多样，引导各族群众树立正确的国家观、历史观、民族观、文化观、宗教观，加强各民族交往交流交融，促进各民族和睦相处、和衷共济、和谐发展"，并就"铸牢中华民族共同体意识"在文化、教育、经济社会发展领域的具体落实进行了深入、细致的规定。

作会议，习近平总书记多次强调了维护国家安全、防范民族领域重大风险隐患等内容："必须坚决维护国家主权、安全、发展利益，教育引导各民族继承和发扬爱国主义传统，自觉维护祖国统一、国家安全、社会稳定"❶；"要依法保障各族群众合法权益，依法妥善处理涉民族因素的案事件，依法打击各类违法犯罪行为，做到法律面前人人平等"❷；"要坚决防范民族领域重大风险隐患"❸。上述内容，是习近平总书记自党的十八大以来一直强调的忧患意识的体现，❹也为我们从法治层面，为铸牢中华民族共同体意识提供安全保障指明了制度建设的基本方向。

首先，运用法治思维处理民族事务，严格执法、公正司法。"法令行则国治，法令弛则国乱。只有树立对法律的信仰，各族群众自觉按法律办事，民族团结才有保障，民族关系才会牢固"❺，我们在处理民族事务时，必须严格适用法律，增强各族群众的法律意识，引导他们树立对法律的信仰。法律面前人人平等，谁都没有超越法律的特权。用法律保障民族团结、运用法治思维处理民族事务，对执法机关而言，是执法成本的降低；对各族公民而言，是真正的爱护；也必将真正增强各族公民团结一心、休戚与共的中华民族共同体意识认同。

其次，坚持公平公正的原则，促进"基本公共服务均等化"。在本次中央民族工作会议上，习近平总书记指出，"要提升民族事务治理体系和

---

❶　新华社.习近平在中央民族工作会议上强调 以铸牢中华民族共同体意识为主线 推动新时代党的民族工作高质量发展 [J].中国民族，2021（8）：6.
　　❷　新华社.习近平在中央民族工作会议上强调 以铸牢中华民族共同体意识为主线 推动新时代党的民族工作高质量发展 [J].中国民族，2021（8）：6.
　　❸　新华社.习近平在中央民族工作会议上强调 以铸牢中华民族共同体意识为主线 推动新时代党的民族工作高质量发展 [J].中国民族，2021（8）：6.
　　❹　如在党的十九大报告中，习近平总书记指出，"行百里者半九十。中华民族伟大复兴，绝不是轻轻松松、敲锣打鼓就能实现的。全党必须准备付出更为艰巨、更为艰苦的努力"。参见习近平.决胜全面建成小康社会 夺取新时代中国特色社会主义伟大胜利 [N].人民日报，2017-10-28.
　　❺　中共中央文献研究室编.习近平关于全面依法治国论述摘编 [M].北京：中央文献出版社，2015：89.

治理能力现代化水平。要根据不同地区、不同民族实际，以公平公正为原则，突出区域化和精准性，更多针对特定地区、特殊问题、特别事项制定实施差别化区域支持政策"❶。因此，在基本公共服务等民族事务治理领域，必须坚持公平公正的原则，突出区域化和精准化，更多针对特定地区、特殊问题、特别事项制定实施差别化区域支持政策，贯彻平等这一法治的核心要义。

再次，坚决防范民族领域重大风险隐患。在本次中央民族工作会议上，习近平总书记强调，"要坚决防范民族领域重大风险隐患。要守住意识形态阵地，积极稳妥处理涉民族因素的意识形态问题，持续肃清民族分裂、宗教极端思想流毒"❷。无论是中华民族伟大复兴，还是铸牢中华民族共同体意识，都不可能随随便便、轻轻松松就能实现。意识形态安全，是国家安全的重要内容。面对诸如涉民族因素的意识形态问题、民族领域重大风险隐患等问题，"必须从法治层面充分做好准备、未雨绸缪，夯实铸牢中华民族共同体意识的法治基础"❸。

最后，确立国家安全法的基本法律地位，加强国家安全法治建设。要完善"国家安全法律制度体系，健全维护国家安全的机构和执行机制，强化国家安全执法力量，加强国家安全执法工作"❹。加强《刑法》《治安管理处罚法》《反恐怖主义法》等法律的执法司法工作，严厉打击破坏国家统一、危害国家安全、煽动民族分裂、组织策划实施恐怖活动等行为，"持续肃清民族分裂、宗教极端思想流毒"❺。通过划定制度和法律红线的方式，发挥法律的保护、评价功能，增强各族群众的中华民族认同，为铸牢中华民族共同体意识保驾护航。

---

❶ 新华社 . 习近平在中央民族工作会议上强调 以铸牢中华民族共同体意识为主线 推动新时代党的民族工作高质量发展 [J]. 中国民族，2021（8）：6.

❷ 新华社 . 习近平在中央民族工作会议上强调 以铸牢中华民族共同体意识为主线 推动新时代党的民族工作高质量发展 [J]. 中国民族，2021（8）：6.

❸ 常安 . 坚持依法治理民族事务 [N]. 中国民族报，2021-11-09.

❹ 常安 . 坚持依法治理民族事务 [N]. 中国民族报，2021-11-09.

❺ 新华社 . 习近平在中央民族工作会议上强调 以铸牢中华民族共同体意识为主线 推动新时代党的民族工作高质量发展 [J]. 中国民族，2021（8）.

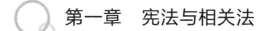

# 第一章　宪法与相关法

# 第一节　新时代铸牢中华民族共同体意识的法治建构 *

## 一、问题的提出

铸牢中华民族共同体意识是当前民族工作的主题和主线。铸牢中华民族共同体的进路和方法很多，法治进路和法治方式是最稳妥，也是最重要的路径之一。因此，新时代铸牢中华民族共同体意识必须进行法治建构，而新时代铸牢中华民族共同体意识的法治建构就是以全面推进依法治理民族事务为核心促进其法治化建设。换言之，我们应当在明确铸牢中华民族共同体意识之主要任务的基础上，正确处理依法治理民族和铸牢中华民族共同体意识的关系，进而创新法治进路，使民族事务治理进入一个全新的高质量发展时期。

新时代铸牢中华民族共同体意识之主要任务的落脚点在于"如何铸牢"，因而需要明确其前提、重点和难点。具体而言，正确认识铸牢中华民族共同体意识的概念内涵和核心要义是前提，始终突出铸牢中华民族共同体意识的首要任务和关键内容是重点，而难点在于不断拓展铸牢中华民族共同体意识的实践路径和落实机制。

同时，新时代民族工作必须同时坚持依法治理民族事务。而依法治理民族事务应当从根本政治方向、基本总体目标和重要保障力量三个层面展

* 基金项目：国家社科基金重大委托项目"新时代增强各族人民中华民族认同的法制保障机制研究"19@ZH020；西北民族大学中央高校基金项目"语言学视阈下的刑法文义解释研究"（31920170063）。

开，同时还应当树立底线思维、战略思维和系统思维，以及精准思维。❶
因此，新时代铸牢中华民族共同体意识的法治建构，应当包括以法治认同
创新铸牢中华民族共同体意识的法治思维，以依法治理民族事务确保铸牢
中华民族共同体意识的法治方式，以法治文化教育提升铸牢中华民族共同体
意识的法治保障，进而对其理论内容、实践路径及人才保障进行法治建构。

## 二、以法治认同创新铸牢中华民族共同体意识的法治思维

铸牢中华民族共同体意识需要在理论内容层面以法治认同创新法治思
维，以法治思维把握根本政治方向，处理好法律与政策、统一与自治、共
同与多元的关系，树立底线思维，推进"铸牢中华民族共同体意识"之概
念内涵和核心要义的法治化，不断以法治认同增强"五个认同"。

### （一）铸牢中华民族共同体意识的理论内容

"铸牢中华民族共同体意识"的理论内容关乎根本政治方向。正确认
识铸牢中华民族共同体意识的概念内涵和核心要义是重要前提。铸牢中华
民族共同体意识的概念内涵和核心要义是对"铸牢中华民族共同体意识的
科学内涵是什么"这一问题的回答。因此，我们应当以概念内涵为出发
点，进而阐明其核心要义。

在语义逻辑上，铸牢中华民族共同体意识的概念内涵是对"铸牢中华
民族共同体意识是什么"这一问题的回答。对此，有学者通过解构分析对
铸牢中华民族共同体意识的概念内涵进行专门界定。例如，有观点指出：
"'中华民族共同体意识'的概念建构经历了元概念'共同体'的引入、主
体概念'中华民族'的生成、内涵要素'认知''认同'的结构整合等发
展过程。"❷ 因此，正确认识铸牢中华民族共同体意识的概念内涵就在于合
理解释"共同体""中华民族"及"认知"与"认同"等概念。其中，"共

❶ 王旭．习近平法治思想的原创性方法贡献［N］.中国社会科学报，2020-12-29
（11）.

❷ 朱尉，周文豪．中华民族共同体意识的内涵阐释与理论拓展［J］.中南民族大
学学报（人文社会科学版），2021（3）：14-15.

同体"是一种和谐的社会群体关系概念，强调平等互助、利益相关、密不可分，认同和归属是其核心要素。"中华民族"是一个对我国多民族之多元一体的统一格局的客观存在进行概括描述的社会身份概念，是强调历史同源、民族团结和交往交流交融的民族学概念，是与狭隘的民族主义和大汉族主义相对的统称概念。"认知"与"认同"与意识相对应，其共同强调思想自觉和主观心理，是融合认知因素、情感情绪因素和意志因素的心理学概念。"认同"正是对其中情感情绪因素的强调，是中华民族同根同源和共同体利益相关之客观存在的主观反映。当然，认同是建立在认知的基础之上的情感共鸣。正如有观点所言："铸牢中华民族共同体意识的本质就是认同。"❶正因为如此，我们认为，铸牢中华民族共同体意识的核心要义是"五个认同"。

同时，学界也有观点将中华民族共同体意识的概念内涵和核心要义结合起来进行整体界定。例如，有观点认为："中华民族共同体意识是各民族对中华民族共同体的意识反映，其本质是理性与感性相统一的社会意识，政治认同、文化认同、身份认同是其重要的核心要义。"❷这一观点强调社会共同体意识是理性与感性相统一的社会意识。概言之，铸牢中华民族共同体意识的概念内涵和核心要义是对"铸牢中华民族共同体意识是什么"一体两面的回答。其中，概念内涵是深化理论认识的逻辑起点，而对"认同"本质的突出强调，可以推导出"五个认同"的核心要义。

**（二）铸牢中华民族共同体意识法治建构的底线思维**

法治建构的根本在于增强法治认同，而增强法治认同是全面依法治国的重要组成部分，必须确保根本政治方向正确，因此必须坚持底线思维。而"底线思维"意味着底线不能突破，否则就是背离本质，亦即底线之上尚有合理与不合理之分，而突破底线就一定是不合理的，也就一定是错误

---

❶ 孙琳.大学生中华民族共同体意识探究——内涵要素、建构过程与培育路径 [J].思想政治教育研究，2021（2）：115.

❷ 董慧，王晓珍.中华民族共同体意识的基本内涵、现实挑战及铸牢路径 [J]. 中南民族大学学报（人文社会科学版），2021（4）：21.

的。因此，法治认同的核心首先是坚持底线思维，包括政治底线思维、核心价值底线思维和根本道路底线思维。

首先，党的领导是根本政治本质，也是根本政治底线。无论是对于中国特色社会主义还是对于全面依法治国，党的领导都是最本质的特征、根本保证、内在要求和正确方向。坚持党的领导是不可退让的，也是不能商量和打折扣的问题，否则就容易偏离方向，脱离根基，进而丧失底线。党的领导是我国的最大国情。党的领导和全面依法治国是不可分割的、有机统一的整体，二者并行不悖、相互促进。对于依法治国，加强和完善党的领导不仅不可或缺，反而至关重要、不容置疑。政治底线的方法论意义在于，在具体工作中，我们要强调政治正确性，既要在理念层面处理好党的领导法治化、制度化和将党的领导贯彻到法治之中的关系，也要在行动层面处理好党的路线、方针、政策和法律的关系。

其次，以人民为中心是核心价值方向，也是核心价值底线。价值蕴含着主体需求和基本认知，是出发点和归宿。以人民为中心的背后是人民立场、人民意志、人民愿望、人民福祉、人民力量、人民的根本利益、人民的主体地位，以及人民群众对美好生活的向往。"以人民为中心"明确了全面依法治国的基础、依靠和根本目的。法本身就是人民意志的反映。社会主义法治也追求民主价值，良法善治更是为了维护人民的正义感，让人民群众在每一个案件中都能感受到公平正义。同样，虽然现代社会是价值多元的社会，但是社会的核心价值和主要基调应当是公平正义等社会主义核心价值观，应当是符合"常识""常理"和"常情"而为广大人民群众所认可的价值体系。概言之，坚持"以人民为中心"，就是要坚持人民的主体地位和符合人民根本利益的价值判断标准，而具体到法治领域，就是坚持人民法治观。

最后，中国特色社会主义法治道路是正确道路方向，也是正确道路底线。道路是一种方案，也是一种模式，其蕴含着起点、中心和落脚点，也决定着前途和命运。道路选择是理论论证的结果，更是实践选择的结果。"我们要坚持的中国特色社会主义法治道路，本质上是中国特色社会主义道路在法治领域的具体体现"❶。"中国特色"是特殊本质。而"'中国特色'是党领导各族人民立足中国国情和实际,在传承历史、对外开放的实践中不断探索的'适合自己'的特有内容"❷。例如,不同于西方的"宪政""三权鼎立""司法独立",我国实行人民代表大会制度这一根本政治制度,国家权力体系是人大之下的"一府一委两院"的相互配合、相互制约模式。

党的领导是根本政治本质和根本政治底线,对应于对中国共产党的认同;以人民为中心是核心价值方向和核心价值底线,对应着中华民族共同体意识中的主体概念;中国特色社会主义法治道路是根本道路方向和根本道路底线,对应着对社会主义的认同。

### (三)铸牢中华民族共同体意识理论内容的法治建构

理论内容建构必须以法治认同遵循根本政治方向。我们应当以"底线思维"来充实铸牢中华民族共同体意识的概念内涵和核心要义,进而明确其前提和底线。一方面,在概念内涵层面,推进铸牢中华民族共同体意识的法治化。具体而言,我们可以推进中华民族共同体意识概念的宪法化和法律化,以宪法和法律的形式明确其政治属性和法权地位,使中华民族共同体成为重要的法律概念。❸例如,有学者指出:"将铸牢中华民族共同体意识的表述纳入宪法的序言、公民基本义务、国家机构职责之中,制定专门的'民族团结法'。"❹同时,我们还可以构建正义的内部族群权利关系,建构有利于各民族交往交流交融的法律制度、机制,以"权利—义务"关系为核心构建和谐的民族共同体法律关系。也有观点指出:"以权利与义

---

❶ 习近平.坚定不移走中国特色社会主义法治道路,为全面建设社会主义现代化国家提供有力法治保障[J].求是,2021(5).

❷ 陈一新.习近平法治思想是全面依法治国的行动指南[N].学习时报,2021-03-31.

❸ 倪国良,张伟军.中华民族共同体的法治建构:基础、路径与价值[J].广西民族研究,2018(5):28.

❹ 李涵伟,程秋伊.铸牢中华民族共同体意识的法治进路[J].中南民族大学学报(人文社会科学版),2021(8):53-54.

务本位相协调的法制共同体是法治实践的场域基础。"❶ 围绕民族交往交流交融和民族团结设置明确的法律权利和法律义务有利于培养民族法治共同体思维意识。

另一方面，在核心要义层面，推进"五个认同"的法治化。具体而言，我们可以将中华民族共同体构建为宪法和法律认同共同体；同时，我们还可以以法治认同丰富国家认同、民族认同、文化认同和政治认同的内涵，尤其通过加大民族共同体法治文化建设，促成最深层次的文化认同。而民族共同体法治文化建设应当融合历史实践。具体来说，法治文化建设首先应当注重尊重中华民族共同体形成与发展的法律思想和法律制度历史；其次需要从中华民族发展的客观实际出发，在团结、统一、共同的前提下解决好民族自治、文化多元、权益保障等问题；最后还需要在法律原则等法治理念层面解决各民族平等相处、交融互嵌、共建共享等问题，进而实现中华民族共同体的整体发展。当然，在注重以法治认同丰富"五个认同"的同时，也要注意二者的良性互动，即注重"五个认同"对法治认同的发展。"新时代推进中华民族共同体的法治建构，既要以宪法权威涵摄中华民族共同体意识构建，又要在宪法理念中融入民族共同体意识。"❷ 概言之，铸牢中华民族共同体意识需要在理论内容层面以法治思维把握根本政治方向，不能突破"坚持党的领导"的根本政治底线，"以人民为中心"的核心价值底线，以及"中国特色社会主义道路"的根本道路底线。

### 三、以依法治理民族事务确保铸牢中华民族共同体意识的法治方式

铸牢中华民族共同体意识需要在工作重点层面以依法治理民族事务确

---

❶ 杨宇泰，王允武．铸牢中华民族共同体意识的法治实践路径研究 [J]．西昌学院学报（社会科学版），2021（4）：48.

❷ 宋婧，张立辉．铸牢中华民族共同体意识的法治保障研究 [J]．贵州民族研究，2020（8）：22.

保铸牢中华民族共同体意识的法治实现方式，以法治方式实现基本总体目标，处理好全局和局部、系统和部分的关系，树立战略思维和系统思维，在战略层面促进民族事务治理的全面法治化，在系统层面完善铸牢中华民族共同体意识的法治体系。❶

**（一）铸牢中华民族共同体意识的工作重点**

明确工作重点有利于实现基本总体目标。"铸牢中华民族共同体意识"工作的重点在于始终突出其首要任务和关键内容。而首要任务和关键内容是对"我们推进铸牢中华民族共同体意识不断深化的过程中，所面临的重要问题是什么？"这一问题的回答。简言之，这一问题包括首要任务和关键内容两个方面。因此，我们应当以铸牢中华民族共同体意识的首要任务为出发点，不断阐明其关键内容所在。

铸牢中华民族共同体意识的首要任务是对"为什么要铸牢中华民族共同体意识或者说首先要解决什么问题"这一问题的回答。对此，有观点指出："铸牢中华民族共同体意识，首要在于牢固树立国情意识。"❷其实，树立国情意识，就是要求我们从客观实际，即我国是统一的多民族国家这一基本国情出发。"为什么要铸牢中华民族共同体意识"是我国历史发展的客观要求。其中，统一蕴含着目标共同、利益共同和命运共同，也意味着团结和共通；多民族意味着多元、特色、开放，也意味着交往、交流、交融。当然，多民族是统一之下的多民族，差异性是共同基础上的差异，也是达成统一的差异。简言之，铸牢中华民族共同体意识的首要任务就是尊重历史，从客观实际出发，处理好共同性和差异性之间的关系。

当然，统一和共同就意味着共建共享。因此，铸牢中华民族共同体意识，关键在于努力实现共建共享。共建共享意味着共同发展、资源共享，促进少数民族地区的整体协调发展，推进各民族之间在经济、政治、文

---

❶　黑静洁.以习近平法治思想为指引 夯实铸牢中华民族共同体意识法治基础[J].北方民族大学学报，2022（4）：119.

❷　马虎成.不断增强"五个认同"，铸牢中华民族共同体意识[N].中国民族报，2018-04-06.

化、社会领域的交往、交流和交融。对此，笔者认为，文化认同是"五个认同"中最深层次的认同，而"五个认同"又是铸牢中华民族共同体意识的核心内容。因此，我们可以说，文化认同是铸牢中华民族共同体意识的关键。❶概言之，铸牢中华民族共同体意识的首要和关键是对"为什么要铸牢"这一问题不同层面的回答。"多民族统一"是客观要求，而对"共同"要求的突出强调可以引申出"共建共享"的关键所在。

### （二）铸牢中华民族共同体意识法治建构的系统战略思维

法治建构的核心在于坚持依法治理民族事务，而依法治理民族事务是全面依法治国的重要组成部分，因此必须坚持战略系统思维。其实，"战略思维"和"系统思维"都是一种总体思维，战略思维强调治国和执政的全局和根本，系统思维则强调法治在体系、领域、环节和层次方面的统筹和兼顾。❷

一方面，战略思维强调治国和执政的全局和根本。就法治而言，我们应当首先强调宪法的根本地位，其次应当强调坚持党的领导、国体、政体等根本政治制度，最后还应当强调国家法治统一和地方科学立法。同时，我们还必须从国家治理的高度认识法治的重要性，既强调法治对于国家治理的重要性，又强调国家治理的法治化。对此，有学者将其概括为法治战略思维，并在更为宏观的层面，即"从'四个全面'的战略布局和'五位一体'的总体布局的高度对其进行阐述"❸。概言之，法治战略思维强调国家治理的全局和根本，包括宪法，党的领导地位、国体、政体，国家法治统一与地方科学立法，国家治理体系和国家治理能力等要素。

另一方面，系统思维强调法治在体系、领域、环节和层次方面的统筹和兼顾。❹因此，理论上将此称为"法治系统思维"。第一，就法治体系

❶ 崔榕，赵智娜.文化认同与中华民族共同体建设 [J].民族学刊，2021（8）：2.
❷ 王旭.习近平法治思想的原创性方法贡献 [N].中国社会科学报，2020-12-29.
❸ 周佑勇.习近平法治思想的立场观点方法 [N].中国社会科学报，2020-11-23.
❹ 王旭.习近平法治思想的原创性方法贡献 [N].中国社会科学报，2020-12-29
（11）.

而言，我们应当首先强调法治体系的"总抓手"地位；其次要明确法治体系的五大体系内容；最后从立法法典化、重点领域立法和新兴领域立法等科学立法的层面重点明确法律规范体系的完善问题。第二，就法治领域而言，我们应当首先从整体上强调"全面依法治国是系统工程"，❶其次还要强调法治领域的共同建设和一体推进，厘清依法治国、党依法执政和政府行政，以及作为目标的法治国家、作为重点的法治政府和作为基础的法治社会的关系。其中，需要重点明确法治政府建设和依法行政问题。同时，也需要结合全民守法和社会（矛盾）治理论述法治社会的建设问题。第三，就法治环节而言，我们应当明确法治环节的突出矛盾和问题的解决，尤其是司法领域的问题处理。首先应当从法的价值层面强调"公平正义是司法的灵魂和生命"，然后分别突出司法改革、司法腐败、扫黑除恶等司法领域的热点、重点、难点问题及其解决方法。第四，就法治层次而言，应当首先强调"法治是国家核心竞争力的重要内容"。其次，立足国内治理，基于国际环境的现实考虑和国际治理的主要任务，考虑涉外立法、涉外执法司法、涉外法治保障服务等涉外法治问题。最后，立足于构建人类命运共同体的全球治理，明确国际体系、国际秩序、国际法基本原则和国际关系准则等国际规制、国际机制的维护和改革问题。

**（三）铸牢中华民族共同体意识实践路径的法治建构**

工作重点实现必须突出基本总体目标。促进民族交往交流交融是铸牢中华民族共同体意识的重要实践路径。❷其关键在于实现共建共享，其落实机制也同样蕴含着战略思维和系统思维。战略思维强调治国和执政的全局和根本，系统思维则强调法治在体系、领域、环节和层次方面的统筹和兼顾。

在战略层面，"铸牢中华民族共同体意识是新时代民族工作的鲜明主

---

❶ 习近平.坚定不移走中国特色社会主义法治道路，为全面建设社会主义现代化国家提供有力法治保障[J].求是，2021（5）.

❷ 马虎成.不断增强"五个认同"，铸牢中华民族共同体意识[N].中国民族报，2018–04–06.

线和战略任务"❶，其实践路径是促进民族事务治理的法治化，理顺民族事务治理与全面依法治国、法治和政治的关系，进而实现民族事务的"三治"统一，丰富民族事务治理的政治意涵和法治意涵。因此，"依法治理民族事务的根本就是用法治思维和法治方式来做好民族工作，用法律来保障民族团结，用民族事务治理法治化来促进民族关系的科学发展"❷。可以说，依法治理民族事务是在法治视域下法治思维和方式、法律规范体系、社会治理法治化与民族工作、民族团结、民族关系、民族事务的逻辑对应。其实，这一问题的根本在于提升法律规范体系对于民族事务治理的法治保障功能。正如有观点所言，"用法律保障民族团结是民族工作的重要内容，是贯彻实施党和国家关于民族问题的方针、政策的法制保障"❸。用法律保障民族团结就是将党的民族政策上升为法律，在法律制定和实施过程中贯彻党的民族政策，用具体的法律制度保障各民族合法权益，加强民族政策与法律的双向互动，进而从根本上促进各民族在经济、文化、社会等不同方面和不同层次的全面而深入的交往交流交融。

在系统层面，铸牢中华民族共同体意识的实践路径则是完善铸牢中华民族共同体意识的法治体系。具体而言，就是在法治的领域、规范、环节和层次融入中华民族共同体意识。目前，学界对"完善铸牢中华民族共同体意识的法治体系，尤其是法律规范体系"的论述较多，而对法治系统的其他内容涉及较少。如有学者提出从法治五大内容体系完善铸牢中华民族共同体意识的法治体系。❹这一观点更多是通过法治体系的内容完善来阐述法治路径。对此，理论上也有观点指出："关于铸牢中华民族共同

---

❶ 蒋慧，孙有略."铸牢中华民族共同体意识"入法：理论阐释、规范考察与制度完善 [J].广西民族研究，2021（3）：36.

❷ 虎有泽，程荣.在新发展理念下依法治理民族事务 [J].贵州民族研究，2017（8）：1.

❸ 虎有泽.用法律来保障民族团结 [J].西北民族大学学报（哲学社会科学版），2015（2）：44.

❹ 王文贵.完善铸牢中华民族共同体意识法治体系 [N].中国民族报，2021–03–16（5）.

体意识的法治路径研究的成果主要集中在宪法法理分析、现有法律制度供给、具体实践法治化等三个方面。"❶ 相比较而言，笔者更愿意关注具体实践——通过法治体系的实施环节，即从立法、司法、执法和守法来阐述法治进路，尤其应当注重发挥民族法治文化和符合社会主义核心价值观的民族习惯在立法、司法、执法和守法方面的影响作用，将铸牢中华民族共同体意识体现在具体个案处理过程中。同时，在法律内容方面，除了加快宪法制度本身的完善外，还应当加强以"党规—宪法—民族区域自治法—地方各级人民代表大会和地方各级人民政府组织法"为核心的铸牢中华民族共同体意识的法律规范体系构建，同时这一法律规范体系的实施也应当是民族地区法治实施的重要内容。《地方各级人民代表大会和地方各级人民政府组织法》（以下简称《地方组织法》）的修改开启了一个良好开端。新修改的《地方组织法》真正将铸牢中华民族共同体意识及其核心内容入法，并将其明确规定为地方组织的法定职责，明显提升了其法治地位，使民族平等、民族团结、民族合法权益保障、民族区域自治等关涉"铸牢中华民族共同体意识"之首要任务、关键内容、实践路径和落实机制等重要内容的法治保障机制更加具体。有学者很好地融合了上述两方面内容，指出："我国的民族事务法治建设，应当挖掘《宪法》中的铸牢中华民族共同体意识蕴含，坚持和完善民族区域自治制度，建立更为完备的中华文化法律保护体系，加强和改进民族工作地方立法，运用法治思维处理民族事务，严格执法、公正司法。"❷ 论者既考虑了铸牢中华民族共同体意识的法律规范体系建构，也考虑了法治体系的实施环节。不过，法律规范体系建构是法治体系实施的立法完善环节，依法治理民族事务应当突出法治实施的动态过程。故而，我们应当以此为契机，进一步推进《地方组织法》等法律的具体实施，进一步在执法、司法和守法环节的具体个案中不断充

---

❶ 马杰.铸牢中华民族共同体意识的法治保障——基于刑事保障路径的考察 [J]. 西北民族大学学报（哲学社会科学版），2022（3）：45.

❷ 常安.依法治理民族事务 铸牢中华民族共同体意识的法治保障 [J]. 中华民族共同体研究，2022（1）.

实、发展"铸牢中华民族共同体意识"的理论内容和实践意义。概言之，铸牢中华民族共同体意识需要在首要任务和关键内容层面以法治方式实现基本总体目标，以系统思维和战略思维破解其所面临的现实困境。我们应当通过完善依法治理法律体系、提升依法治理水平、营造依法治理氛围来提升依法治理民族事务水平❶，进而完成"铸牢中华民族共同体意识"之实践路径的法治建构。

## 四、以法治文化教育提升铸牢中华民族共同体意识的法治保障

铸牢中华民族共同体意识需要实践困境层面以法治教育提升法治保障，尤其是法治人才这一重要法治保障力量，处理好"领导干部"和法治队伍整体建设、少数民族法治人才培养和普通法治人才培养、法律职业教育和日常普法之间的关系，树立精准思维，以问题解决为导向纾解"铸牢中华民族共同体意识"的实践困境。

### （一）铸牢中华民族共同体意识的实践困境

"铸牢中华民族共同体意识"的实践困境在于缺乏重要保障力量。而这一问题的根本在于"人"的问题——缺乏法治人才保障。具体而言，铸牢中华民族共同体意识的实践路径和落实机制是对"我们应该如何铸牢中华民族共同体意识"，即具体方式和实践方法这一问题的回答。之所以说，拓展实践路径和落实机制是难点，是因为实践路径和机制的问题不仅仅在于科学的理论选择和合理的逻辑论证，还在于具体的实际操作。路径的选择和论证就已经十分困难。在解决问题的实践过程中不断拓展路径和落实机制并将其具体化就显得越发困难。因此，我们应当从铸牢中华民族共同体意识的实践路径出发，逐步阐明其落实机制。

铸牢中华民族共同体意识的实践路径是对"我们应该采取哪些措施来铸牢中华民族共同体意识"这一问题的回答。对此，有观点指出："铸牢

---

❶ 杨昌儒.祖力亚提·司马义，郝亚明等，以铸牢中华民族共同体意识为主线.推动新时代党的民族工作高质量发展 [J].贵州民族研究，2022，43（1）：8–10.

中华民族共同体意识的实践途径是促进各民族交往交流交融。"❶由此可见，交往交流交融是重要的实践路径，也是新时代民族关系发展的正常形态。一方面，"中华民族文明的发展历史就是各民族之间在政治、经济、文化等各个社会方面的交往交流交融不断加深的过程"❷。这是一个不可否认的客观事实。另一方面，民族交往交流交融还有利于消除民族隔阂，提升中华民族的整体凝聚力。各民族之间的深入交往可以增进彼此之间的民族感情，理顺民族关系。各民族之间政治、经济、文化交流的过程就是相互学习和影响的过程。各民族之间交融的过程是包容差异性、丰富多元性、增强共同性的过程。这不仅有利于各民族自身，而且有利于各民族之间关系，也更加有利于中华民族共同体的整体建设与铸牢。概言之，各民族之间的交往是基础，交流是实质，交融是目的。

铸牢中华民族共同体意识的落实机制是对"我们应该如何将具体措施落到实处"这一问题的回答。对此，有观点指出："'落实机制'客观上就要求我们必须明确落实什么、谁来落实、怎么落实、落实的力度、落实的成效等一系列问题。"❸因此，铸牢中华民族共同体意识的落实机制应当包括主体、对象、方式、力度、成效等要素。其中，对象是决定因素，决定落实方式和具体的落实机制。而以相互嵌入的社会结构和社区环境为代表的互嵌式民族交往交流交融模式就是最好的落实机制，需要不断拓展。概言之，铸牢中华民族共同体意识的实践路径和落实机制是对"怎么办"这一个问题的回答。实践路径是铸牢中华民族共同体意识的具体措施，对"交融"目的的突出强调，可以推导出落实机制的具体内容。

**（二）铸牢中华民族共同体意识法治建构的精准思维**

法治建构的关键在于法治文化教育，而法治文化教育是全面依法治国

---

❶ 马虎成.不断增强"五个认同"，铸牢中华民族共同体意识［N］.中国民族报，2018-04-06.

❷ 崔榕，赵智娜.文化认同与中华民族共同体建设［J］.民族学刊，2021（8）：2.

❸ 靳泽宇，周福盛.普通高校铸牢中华民族共同体意识的落实机制［J］.中南民族大学学报（人文社会科学版），2021（4）：32.

的重要组成部分，因此必须坚持精准思维。精准思维是一种科学、务实的思维方法，要求精细、准确。正如有观点所言："精准思维要求质、量、度的精准，是精准开方的思想方法、精准管理的管理方法、精准施策的工作方法。"❶

法治文化教育首先是法治队伍的整体建设，其实质是对法治实施主体的强调，具体包括行使国家权力的法治专门队伍的建设、提供专业服务的法律服务队伍的建设和法学教育中的法律人才培养三个方面。法治文化教育还要抓住"领导干部"这个关键，其实质是对法治实施重点主体的强调。其首先突出领导干部行使党和国家的权力是全面依法治国的关键；其次论述了领导干部提高法治思维能力、提升法治素养的重要性和具体要求。无论是法治队伍整体建设还是领导干部法治素养提升，将全面实现依法治国的重点限定在法治实施主体这一重要保障力量之上，尤其强调其运用法治思维和法治方式的思维能力培养和法治素养的提升，突出了问题意识，是精准开方、精准管理、精准施策之精准思维的体现。

### （三）铸牢中华民族共同体意识人才保障的法治建构

实践困境突破必须重视人才保障。做好民族工作关键在党、关键在人，❷铸牢中华民族共同体意识法治建构工作的关键则在党领导下的法治人才队伍建设。从"人"的方面明确全面依法治国的重要保障力量，旨在突出法治实施主体的重要性，蕴含着精准思维。❸精准思维是一种科学、务实的思维方法，要求精细、准确，以具有问题意识为内在要求。"法治思维的功能在于将法律知识转化为法律效能"❹，因而精准思维也是法治思维

---

❶ 韩庆祥.习近平新时代中国特色社会主义思想中的"精准思维"[N].新华日报，2020-06-09（13）.

❷ 中央民族工作会议暨国务院第六次全国民族团结进步表彰大会在京举行［N/OL］.（2014-09-29）［2022-03-01］.http：//www.xinhuanet.com/politics/2014-09/29/c_1112683008.htm.

❸ 周佑勇.习近平法治思想的立场观点方法［N］.中国社会科学报，2020-11-23.

❹ 宋才发.铸牢中华民族共同体意识的法治内涵及路径研究［J］.广西民族研究，2021（4）：33.

的核心内容。其中，无论是法治队伍整体建设，还是"领导干部"自身法治素养的建设，都在强调法治人才队伍建设。一般而言，普通法治人才的培养包括关于法治的知识、方法、技能、思维（尤其是社会治理的法治政策思维能力）等内容的培养，以及法治意识的形成和法治素养的提升。其中，运用法治方式和法治思维的思维能力培养是重点。

民族地区法治人才的培养必须立足于民族地区的法治实践，除上述内容的培养外，还必须重视语言、习俗和文化的培养。可以说，以国家通用语言文字为核心的双语法学教育就成为少数民族法治人才的关键保障。对此，民族地区法治人才的培养可以采取"走出去"和"引进来"两种模式，而且眼下应该以前者为主，长远以后者为主。具体而言，"走出去"主要是在职法治人员培训，这种模式应当以国家通用语言文字学习和普通法治素养提升为主；"引进来"一方面是法学教育改革，如增设民族双语法学专业，另一方面是民族地区的法治人才引进。对于这种模式，尤其是来自其他地区的人才，民族语言、习惯和文化的学习更为重要。当然，民族法治人才教育专项计划不仅必要，而且迫切。结合民族地区法治具体实践，针对民族事务治理中的突出问题，尤其是依法治理民族事务和民族地区法律纠纷解决的突出问题，应展开系列法治人才培养教育。

当然，我们在重视法治专门人才教育培养的同时，还必须重视社会公众的法治教育，尤其是《宪法》《地方组织法》《民族区域自治法》《民法典》等事关民族共同体自身利益的法律法规的宣传教育。此外，还应当以"以案说法"的方式加大关于民族团结统一、侵害民族共同体利益、弘扬中华民族共同体法治文化典型案例的宣传教育。在具体手段与宣传方式方面，民族地区社会公众的法治教育可以考虑结合新闻网络媒体、"送法下乡"等到当事人所在社区开庭、宣传的方式。简言之，法律职业教育是较为快捷有效的法治人才培养模式，而双语法学专业教育则是更为长远的选择，专项教育计划则是必要而迫切的现实需要，法治宣传教育则是更为常态化的教育。因此，法治教育是提升铸牢中华民族共同体意识的重要保障力量，能够解决中华民族共同体建设的法治人才队伍问题。

## 五、结语

新时代铸牢中华民族共同体意识的法治建构就是要以依法治理民族事务为核心推进其法治化建设，就是在法治语境下实现铸牢中华民族共同体意识的首要任务和关键内容，并将其实践路径和落实机制制度化、规范化。同时，民族事务治理全面法治化是新时代民族工作的重要课题。因此，新时代铸牢中华民族共同体意识的法治建构的根本在于立足实践，正确处理依法治理民族事务和增强"五个认同"的关系。具体而言，新时代铸牢中华民族共同体意识的法治建构，就是在法治思维、法治方式和法治保障等法治进路范畴的框架下，以坚持依法治理民族事务为核心，完成"铸牢中华民族共同体意识"的主要任务，促进各民族交往交流交融，进而不断增强"五个认同"的法治化过程。同时，这也是依法治理民族事务和增强"五个认同"在法治范畴下不断融合发展的过程，是以法治认同丰富国家认同、民族认同、文化认同和政治认同理论内涵的过程。新时代依法治理民族事务不仅为增强"五个认同"注入了新的法治理论意涵，也为其提供了重要的法治方法论指导；同时，增强"五个认同"也有利于在依法治理民族事务过程中贯彻铸牢中华民族共同体意识的主线地位。

## 第二节　宪法如何铸牢中华民族共同体意识

——现行《宪法》民族团结条款研究

作为统一的多民族国家，民族团结是中华人民共和国重要的宪制基础，也是现代国家建设的题中之义。自从费孝通先生提出中华民族"多元一体"的重要论断后，❶这一理论框架不仅影响了民族学研究，也成为民族法学研究的共识。党的十八大以来，以习近平同志为核心的党中央高度重视民族工作。习近平总书记在 2019 年的全国民族团结进步表彰大会的讲话中强调，"坚持准确把握我国统一的多民族国家的基本国情，把维护国家统一和民族团结作为各民族最高利益"，"坚持促进各民族交往交流交融，不断铸牢中华民族共同体意识"。❷国家和社会的需要及人民的整体利益，塑造了民族理论研究的新形势，❸这为塑造多民族的国家认同指明了方向，也为相关学术研究提供了新的问题意识和研究范式。❹

铸牢中华民族共同体意识、推动民族团结进步工作，既需要政治上顶层设计，也需要借助具体方法维护和夯实民族团结的基础。在全面依法治国的背景下，"用法律保障民族团结"是必然之举。习近平总书记高度重视法治在民族事务治理中的作用，提出只有树立对法律的信仰，各族群众自觉按法律办事，民族团结才有保障，民族关系才会牢固。能否正确运用

---

❶　费孝通.中华民族多元一体格局［M］.北京：中央民族大学出版社，2018.

❷　习近平.在全国民族团结进步表彰大会上的讲话（2019 年 9 月 27 日）［N］.人民日报，2019-09-28（2）.

❸　周平.中华民族：一体化还是多元化？［J］.政治学研究，2016（6）：24.

❹　王延中.铸牢中华民族共同体意识 建设中华民族共同体［J］.民族研究，2018（1）.

法治思维来统筹民族事务、推进民族事务工作法治化、提升运用法治思维和法治方式解决民族问题的能力，关乎当前铸牢中华民族共同体意识的全局，关乎国家治理体系和治理能力现代化建设。法学研究对"铸牢中华民族共同体意识"命题的贡献和特色在于对法律文本的偏重，即对现行法律体系如何有助于"民族团结"进行研究。就此而言，宪法提供了铸牢中华民族共同体意识最重要的法律资源，发挥着保障民族团结的基础性作用，借助宪法可以将社会主义的中华民族大家庭，塑造为一个政治共同体、法律共同体。已有学者从整体性的视角出发，在宪法文本中提炼出国家认同的文化机制和制度机制，以实现民族团结的"宪法爱国主义"的构建，在其论述中试图借助对"社会主义核心价值观"条款的解释完成国家认同中的价值整合。❶

2018 年"中华民族"入宪具有标志性意义，是宪法学研究对铸牢中华民族共同体意识命题的回应。已有学者对"中华民族"概念入宪的规范释义和意义进行了阐释；❷ 也有学者对我国历次宪法文本中的"民族团结"词语进行了分析，并对现行《宪法》中出现三次的"民族团结"的不同意义进行了分析；❸ 还有学者主张要加强刑法对宪法中民族团结价值的保障作用，使得宪法的相关规定具体化；❹ 另有学者对用法律保障民族团结的地方立法实践进行了初步的梳理。❺ 这些研究在一定程度上推动了民族法学理论的发展，但是多数研究都将《宪法》之中的"民族团结"条款局限于文本中直接包含"民族"字段的部分，从而大大限制了相关论述的视域。从铸牢中华民族共同体意识的视角出发就会发现，《宪法》中的"民族团结"

---

❶ 丁轶 . 国家认同的宪法构建：实现机制与实施路径 [J]. 交大法学，2020（3）.

❷ 熊文钊等 . "中华民族"入宪：概念由来、规范释义与重大意义 [J]. 西北大学学报（哲学社会科学版），2018（4）.

❸ 胡弘弘等 . 宪法文本中"民族团结"含义及其维度 [J]. 中南民族大学学报（人文社会科学版），2018（3）.

❹ 阿力木·沙塔尔 . 维护民族团结刑法保障之宪法价值 [J]. 中南民族大学学报（人文社会科学版），2019（4）.

❺ 常安 . 用法律保障民族团结的地方立法实践 [N]. 中国民族报，2021–02–23.

条款不仅仅指狭义的直接包含"中华民族""民族团结"语词的条款。笔者认为，对《宪法》中"民族团结"条款的解读，不能局限于教义学的视角，而要从政法法学的进路去发现相关条款的丰富含义，以整全性视角和体系性解释的角度去挖掘现行宪法所蕴含的丰富法律资源。❶ 在这一视角下就会发现，《宪法》序言为民族团结提供了历史基础和正当性叙事，而《宪法》正文提供了民族团结的保障系统。

### 一、民族团结奠定现行宪法的政治基础

从政治学的角度来说，国家的形成分为两步，社会契约包括两个环节，首先是作为社会层面集合的约定，即确立哪一群人"在一起"过合群的政治生活，其次才是我们熟悉的作为权利—权力分配机制的政治约定，即确定这一群人如何过合群的政治生活。❷ 在多民族国家的宪制实践中，只有实现了多民族的国家认同塑造之后，才能在此基础上完成权力与权利关系的宪法确认。社会主义国家民族认同的关键就是要通过社会、经济手段，推进社会主义的实质平等、共同繁荣的基本要求，打造和睦相处、和衷共济、和谐发展的社会主义民族关系，塑造"中华民族"的政治认同。政治上的国家认同、法律上的宪制建构，需要建立在社会经济层面的民族平等基础上。只有借助社会主义制度本身的优越性，才能够在中华人民共和国成立之初实现少数民族的团结进步，特别是"直过民族"的跨越式发展；才能够在改革开放后的经济生活中避免市场的自发性，推动少数群体的均衡发展，做到"全面实现小康，一个都不能少"；也是今天实现共同富裕、铸牢中华民族共同体意识的基础。❸

回到宪法学研究上来，宪法并不仅仅是一个叫作"宪法"的文本。功能主义解读比文本主义的分析更能揭示宪法的真实含义。苏力教授在其宪

---

❶　关于政法法学的研究范式，可参见邵六益.政法传统研究：理论、方法与论题[M].北京：东方出版社，2022.

❷　李猛.自然社会：自然法与现代世界的形成[M].北京：生活·读书·新知三联书店，2015：431.

❸　关凯.国家视野下的中国民族问题[J].文化纵横，2013（3）.

制研究中指出，宪法是关于国家构成的规范，是构成（constitute）过程的结果（constitution），由此他将古代中国的政治构成议题解读为大国宪制的核心。❶ 所谓"政治构成"，归根到底就是要用一定的手段，完成国内不同地域、不同人口、不同民族的合众为一。斯门德将宪法的主要功能概括为政治整合，包含了人的整合、功能整合和质的整合等多个方面。❷ 宪法既代表着某个国家特定的政治状态，是一国政治的内在构成及动态生成有所规范。❸ 在宪法对权利—权力关系进行分配之前，政治共同体首先要完成国家认同的构建，即成文宪法需要建立在一定的政治基础之上。

各民族的团结显然构成了政治共同体的重要基石，也是制定宪法的前提性问题；在宪法制定后，制宪权的决断已经完成，民族团结是无法动摇的宪制基础。从中华人民共和国成立之初"临时宪法"的《共同纲领》来看，其所确立的宪制制度的基石在于民族识别、民族干部培育、少数民族地方民主改革等一系列政治实践，而这些都是由社会主义这一方向性问题决定的。在这个意义上，各民族团结就是共和国的政治基础和宪制基础。在现行《宪法》中，正文所规定的公民的基本权利和义务、国家机关及其职权的存在有其前提，那就是首先要有一个政治共同体的存在。

总之，我国宪法是建立在各民族平等、团结和共同繁荣的前提之上的，社会主义民族关系奠定了我国宪法的政治基础。只有坚持中华民族共同体意识，才能够妥善处理一体与多元的关系；只有在"中华民族一家亲"的前提下，才有可能实现"同心共筑中国梦"。法学研究只有以铸牢中华民族共同体意识为视角，才有可能做出应有的时代贡献，这就要求我们在相关研究中完成视角的转换，从单纯的权利视角回到国家建设的视角，回到铸牢中华民族共同体意识的大趋势下来。❹ 本节将分别以现行

---

❶ 苏力.大国宪制：历史中国的政治构成 [M].北京：北京大学出版社，2018.

❷ 斯门德.宪法与实在宪法 [M].曾韬，译.北京：商务印书馆，2020.

❸ 施米特.宪法学说（修订译本）[M].刘锋，译.上海人民出版社，2016：23-24.

❹ 常安教授以这一新视角重新分析了国家通用语言文字的推广问题，参见常安.论国家通用语言文字在民族地区的推广和普及——从权利保障到国家建设 [J].西南民族大学学报（人文社会科学版），2021（1）.

《宪法》序言的相关段落与正文的相关条款为分析对象，借用多种解释方法，发掘其中所蕴含的指向民族团结、有助于铸牢中华民族共同体意识的法治资源。

## 二、《宪法》序言中民族团结的正当性叙事

中华民族多元一体格局是我国各族人民在历史演进中形成的，现行宪法将这一进程规范化，赋予铸牢中华民族共同体意识不可撼动的历史基础，这种具有厚重宪制含义的叙事主要体现在《宪法》序言之中。学界过去曾对《宪法》序言的效力问题有一定的争议，认为《宪法》序言的表述不具备法律规则的规范结构而不具有足够的法律效力。这一倾向已经得以改观。强世功教授从宪法社会学的角度，将宪法文本之外的重要规范概括为中国宪法中的不成文宪法 ❶；陈端洪教授从政治宪法学的角度出发，从《宪法》序言中提炼出中国宪法的五条"根本法"。❷ 此后越来越多的研究者认可《宪法》序言的效力。❸《宪法》序言以其宏大、深刻的法律修辞，在构建社会共同体的过程中发挥着重大的作用，现行《宪法》的序言是法律实现政治共同体构造的典范性文本。❹ 本节在解读《宪法》序言部分段落基础上力图证明，民族团结既是中国大一统历史叙事的核心，也是社会主义革命与建设的题中之义，《宪法》序言将这种叙事逻辑正当化，夯实了中华民族共同体法治体系的基石。

### （一）民族团结的历史叙事

我国宪法是中国共产党带领全国各族人民制定的治国理政的总章程，是加强民族团结最可依靠的根本法规范基础。2017 年党的十九大将"中华民族"纳入党章之后，2018 年将"中华民族"纳入宪法文本。现行《宪

❶ 强世功.中国宪法中的不成文宪法——理解中国宪法的新视角 [J].开放时代，2009（12）.

❷ 陈端洪.制宪权与根本法 [M].北京：中国法制出版社，2010：282–294.

❸ 陈玉山.中国宪法序言研究 [M].北京：清华大学出版社，2016.

❹ 李晟.作为社会共同体建构技术的法律修辞 [J].法学家，2020（3）：5–7.

法》的序言第七段、第十段都包含了"中华民族伟大复兴"的表述，在奋斗目标中体现了中华民族作为共同体的规定性。除了直接提及"中华民族"的文字外，序言在很多地方还出现了"中国各族人民""全国各族人民""全国各民族""维护民族团结"的表述，再次确认了民族团结是国家的立国之本，各族人民大团结是全体中国人民的根本政治追求。具体而言，《宪法》序言关于中华民族共同体意识的资源包括：第一，中国各族人民共同创造并维系历史中国；第二，中国各族人民通过革命建立中华人民共和国；第三，中华人民共和国成立后的社会主义改革与建设，铸牢了各民族团结的坚实基础。三大论断构成了《宪法》序言中民族团结叙事的两大功能——历史叙事与政治叙事。

民族团结的历史叙事提供了中华民族大一统格局的深厚基石，提供了支撑中华民族统一的历史依据，同时为民族团结提供了不可辩驳的宪法资源。而政治叙事则更多指向中国共产党成立以来开展的社会主义民族关系的塑造，也为当前回应民族理论和民族法学研究中的一些争议提供了宪法依据。如有研究发现，当前民族工作中所遇到的问题是市场经济引发的社会分化在民族关系中的反映，从本质上来说是由发展不平衡导致的 ❶ ；对云南少数民族群体的实证研究也表明，经济水平与少数民族的国家认同成正比例。❷ 这些都要求重视从社会主义的视角去回应民族事务中的新问题，从社会平等和共同富裕的角度维系各民族的团结。

历史中国是中国各族人民共同创造和维系的。《宪法》序言第一段诉诸历史，为中国的存在奠定了无可辩驳的时间厚度，并明确了中国是各民族共同创造的。"中国是世界上历史最悠久的国家之一。中国各族人民共同创造了光辉灿烂的文化，具有光荣的革命传统。"从法律修辞学的角度

---

❶ 杨圣敏.对如何处理好当前民族关系问题的一点看法 [J].社会科学战线，2013（7）.

❷ 焦开山.新时代背景下云南少数民族群体的国家认同及其影响因素 [J].民族研究，2019（4）.

来说，序言第一段中的"历史""文化""革命"三个关键词蕴含丰富含义，对共同体构建发挥着重要的象征意义。❶在人类文明的发展中，生存是最高根本法，政治共同体的生存是"绝对宪法"。❷

现行"八二宪法"序言第一段的规定，与《共同纲领》、"五四宪法""七五宪法""七八宪法"的序言第一段都不同。前面几部《宪法》的序言第一句话都直接从革命叙述说起，至多回到1840年以来的近代史语境，如"五四宪法"序言第一段话规定，"中国人民经过一百多年的英勇奋斗，终于在中国共产党领导下，在一九四九年取得了反对帝国主义、封建主义和官僚资本主义的人民革命的伟大胜利，因而结束了长时期被压迫、被奴役的历史，建立了人民民主专政的中华人民共和国"。"七五宪法"序言第一句话规定，"中华人民共和国的成立，标志着中国人民经过一百多年的英勇奋斗，终于在中国共产党领导下，用人民革命战争推翻了帝国主义、封建主义和官僚资本主义的反动统治，取得了新民主主义革命的伟大胜利，开始了社会主义革命和无产阶级专政的新的历史阶段"。"七八宪法"序言第一句话规定，"中国人民经过一百多年的英勇奋斗，终于在伟大领袖和导师毛泽东主席为首的中国共产党的领导下，用人民革命战争推翻了帝国主义、封建主义和官僚资本主义的反动统治，取得了新民主主义革命的彻底胜利，在1949年建立了中华人民共和国"。

通过比较就会发现，以"五四宪法"为代表的《宪法》序言，将中国宪法的基础放在近代史的框架下，重点关注中国共产党领导下的新民主主义革命对于新中国的意义；而"八二宪法"更加重视历史中国的文明意涵，将当下中国的历史叙事拉长为更加久远的五千年文明，这也与"中华民族伟大复兴"的政治叙事相契合。而且，如果仅仅从1840年论述开始，那么中华民族的历史的开端就打下一个悲壮的基调，无法真实展现中华五千年文明的光辉灿烂的历史，也就无法容纳复兴话语；同时，如果中国宪法叙事仅仅从1840年开始，那么很多民族在中国历史上的贡献及这些

---

❶ 李晟.作为社会共同体建构技术的法律修辞［J］.法学家，2020（3）：5-6.

❷ 施米特.宪法学说（修订译本）［M］.刘锋，译.上海人民出版社，2016：23.

贡献对现代中国的塑造就难以体现出来。我国各族人民共同开拓的辽阔疆域、共同创造的灿烂文化，必须回到悠久的历史中去才可以理解，只有将中华文明、历史中国引入宪法叙事，才能为法律和外交层面上常用的"自古以来是中国领土"提供宪法资源。

就本节关注的民族团结议题而言，中国五千年的历史塑造了历史中国与中华文明，但是这一文化传统和政治体不是哪一个民族单独创造的，而是各族人民共同创造的；中国之所以是中国，恰恰是因为有中国各族人民的参与。还需要指出的是，虽然序言第一段重视文明叙事，但是并未清除革命叙事，保留了"中国各族人民……具有光荣的革命传统"的表述，也就是说，"八二宪法"并未终结变革的可能，其自身的多次修订就表明了这一点，也为党的十九大之后我们提出的"伟大革命"命题提供了可能。❶在波澜壮阔的革命与建设中，各族人民统一身份认同的"中华民族共同体意识"得以形成。中华民族共同体意识不仅有地理条件、政治纽带、精神纽带、经济纽带的巩固，更是在近代以来的救亡图存奋斗历程，尤其是中国共产党成立后的革命斗争中逐渐形成的，❷这集中体现在序言第二段至第五段的叙事中，这是序言为"民族团结"提供的政治叙事，也对回应当前民族理论中的一些争议性问题有所助益。

### （二）民族团结的政治叙事

在民族认同的政治法律塑造中，回到社会主义政治实践是一个必然选择，社会主义国家是我国宪法的第一根本法条款，可以作为塑造国家认同、培育宪法爱国主义的根本准则。林尚立教授指出，1949年以来的社会主义政治实践所形成的国家认同，对当下的国家建设来说是最重要的，就中华民族的形成来说，"在中国迈向现代国家的时候，中华民族就不仅仅是一个'文化民族'，它实际上也是一个'政治民族'，即基于政权与制度

---

❶ 姚中秋. 从革命到文明：八二宪法序言第一段大义疏解 [J]. 法学评论，2015（2）.

❷ 国家民族事务委员会. 中央民族工作会议精神学习辅导读本（增订版）[M]. 北京：民族出版社，2019：22-23.

力量而聚合在一起的民族"❶。对我国民族问题的社会主义解决思路，也是宪法文本所确定的，《宪法》序言的前几段就已经奠定了中华民族政治认同的基本范式：社会主义革命与建设范式。

中国各族人民在人民战争中凝聚为紧密的共同体，并通过革命的方式建立新中国，各族人民进而成为国家的主人。《宪法》序言第二段至第五段所包含的革命叙事与第一段不同，第一段"光荣的革命传统"是回溯历史，关注历史中国的革命传统；而第二段开启的革命叙事则直接涉及近代以来特别是中国共产党成立后的革命建国历史。《宪法》序言第二段规定，"一八四〇年以后，封建的中国逐渐变成半殖民地半封建的国家。中国人民为国家独立、民族解放和民主自由进行了前仆后继的英勇奋斗"。中国各族人民有着光荣的革命传统，特别是各族人民在近代面临民族危亡时的抗争图强、革命自救，使各族人民融入一个集体"中华民族"之中。在帝国主义的入侵和国内反动势力的压迫面前，没有民族身份之别，各个民族的广大劳动群众都是被压迫的对象，因此在反对"三座大山"的过程中也就塑造了中华民族的整体认同。实际上，"中华民族"这一概念不仅起源于我们反帝反封建的对抗性革命，也与建设性的国际普遍主义关怀有关，中国革命是第三世界国家被压迫民族追求解放的一部分。❷

各民族团结最大的推动力是中国共产党领导的人民战争。汪晖指出，人民战争对"中国人民"的塑造发挥了重要的整合作用，也正是在汪洋大海般的人民战争中，不同阶层、不同民族的人被不断地纳入"人民"及其同盟者的范畴。❸就如《宪法》序言第五段所说，"一九四九年，以毛泽东主席为领袖的中国共产党领导中国各族人民，在经历了长期的艰难曲折的武装斗争和其他形式的斗争以后，终于推翻了帝国主义、封建主义和官僚

---

❶　林尚立.现代国家认同建构的政治逻辑 [J].中国社会科学，2013（8）：42.

❷　殷之光.政治实践中的"中华民族"观念——从立宪到革命中国的三种自治 [J].开放时代，2016（2）.

❸　汪晖.世纪的诞生：中国革命与政治的逻辑 [M].北京：生活·读书·新知三联书店，2020：403-408.

资本主义的统治，取得了新民主主义革命的伟大胜利，建立了中华人民共和国。从此，中国人民掌握了国家的权力，成为国家的主人"。经过革命洗礼与塑造的各族人民，成了掌握国家权力的主人，从而实现了合众为一的政治生成的过程；但各族人民当家作主的最终实现，还需要借助中华人民共和国成立后社会主义改造的进行。

中华人民共和国成立后的社会主义改革与建设，奠定了民族团结的坚实基础。对少数民族权利的保护和民族团结的实现，不仅要依靠政治上的民族识别、民族干部培养、民族自治地方的建立，更重要的环节是对少数民族地区进行民主改革，这是由新中国成立后的社会主义建设完成的。❶ 中华人民共和国成立之后，国家建构的核心命题是建立社会主义共和国，其核心在于打造无产阶级领导的同质性基础，这一任务包括政治、经济、文化、社会生活的各个方面。《宪法》序言第六段表明，社会主义改造的完成，真正消灭了剥削制度，巩固和发展了无产阶级专政，即"工人阶级领导的、以工农联盟为基础的人民民主专政"，而正是在无产阶级专政的基础上，才确定了各少数民族团结的政治基线。社会主义改造、教育、塑造，真正奠定了中华人民共和国的坚实基础，这不仅体现在对民族关系的社会主义塑造中，也体现为革命与建设中对妇女、农民和民族资产阶级的社会主义改造上。❷ 总之，社会主义的改造与塑造奠定了社会主义民族关系的基础，也是《宪法》序言所确定的民族团结叙事的主基调。

### 三、宪法正文中民族团结的制度体系

用法律来保障民族团结，需要落实到具体制度之中。宪法学界对这一问题的研究通常集中在《宪法》第三章第六节"民族自治地方的自治机关"，即第一百一十二条至第一百二十二条，这 11 个条款共同打造了民族

---

❶ 常安.缔造社会主义的中华民族大家庭——新中国民族区域自治制度的奠基历程 [J].学术月刊，2019（9）.

❷ 笔者曾以社会主义主人翁的公私两重形象切入，讨论中华人民共和国成立之初的民族资产阶级的社会主义改造与工人阶级的生成问题。参见邵六益.社会主义主人翁的政治塑造（1949—1956）[J].开放时代，2020（5）.

团结的制度基础；学术界对这 11 个条款的解读已有很多研究，不作赘述。在铸牢中华民族共同体意识的视野下，理解宪法正文的民族团结条款要超出语词直接关联原则，采取政治宪法学和宪法社会学的进路，挖掘更多指向民族团结的宪法条款。对宪法正文中相关条款的解释，应该从宪法整个体系和框架的角度予以解释。民族团结是现行宪法的重要基础，但民族问题只是宪法"合众为一"所要解决的一个问题，应内置于更大的国家整合的议题之中。研究发现，除第三章第六节外，宪法正文为民族团结提供的保障体现在多个方面：第一，《宪法》正文前三条的国体条款、政体条款、民主集中制条款，为民族团结确定了基本框架；第二，《宪法》第四条遵循了社会主义民族理论的基本原则。需要说明的是，《宪法》总纲的很多内容都涉及塑造共同体的含义，但是这里不可能分析全部条款。上述几条都在相当程度上与民族团结有关，如中国民族关系的社会主义性质、民族关系政治塑造背后的人民主权原则等。本节侧重于解读《宪法》总纲中的基本原则条款，阐释其所蕴含的民族团结意义。

**（一）宪法正文的体系性解释**

宪法文本是一个有机关联的整体，对《宪法》中"民族团结"条款的解读应该采取体系性的方式。如学者常安发现，"五四宪法"在序言和总纲第三条的位置强调民族问题，由此他认为这表明了民族区域自治制度的设立和运作不是一个小的制度问题，而是一种宪制安排，其目的是缔造社会主义的中华民族大家庭——这是民族问题条款的前置性限定。❶ 类似地，现行《宪法》正文第四条在规定民族问题之前，前三条已经为民族条款设置了多方面的限定：《宪法》正文第一条规定了工人阶级领导、工农联盟为基础的国家性质，并确认了社会主义制度和中国共产党的领导；第二条规定了一切权利属于人民，并确认了根本政治制度——人民代表大会制度作为中国式人民主权条款。人民主权是现代国家建构的基石性原则。

---

❶　常安.缔造社会主义的中华民族大家庭——新中国民族区域自治制度的奠基历程 [J].学术月刊，2019（9）.

笔者认为,《宪法》第四条有关民族共和的规定更应该受制于、从属于第一条、第二条规定的阶级共和的限定,人民共和中的"人民"的判定标准是无产阶级的同质性,这也是社会主义打造国家基础的关键所在。《宪法》前两条的国体条款与政体条款都没有明确提及民族问题,说明民族问题并不是国家建构的基石性问题——阶级才是社会主义国家构成的基本框架,这也恢复到马克思主义对国家与法律的理解进路之中,《宪法》第四条对民族问题的规定从属于前两条关于中国人民的阶级分析框架。《宪法》第一条采取阶级的标准,基于此将民族身份融入无产阶级认同之中。学界对我国处理民族关系中的阶级逻辑与民族逻辑两条路线的关系,已有相应的论述,此处不述。在实现了人民政治身份的同质化塑造后,通过人民代表大会制度完成正当性汲取,将各民族群众纳入中国人民的统一体之中。在《宪法》第三章国家机构部分,第五十九条规定"全国人民代表大会由省、自治区、直辖市、特别行政区和军队选出的代表组成。各少数民族都应当有适当名额的代表"。《全国人民代表大会和地方各级人民代表大会选举法》第十七条、第十八条对人大代表选举中的民族构成又作出专门的规定,核心都是希望借助人大的整合机制,将民族、性别区分整合进人民的概念之中。❶

《宪法》第三条确立民主集中制是国家机构的基本原则,与《党章》第四条形成呼应。《宪法》第三条的规定也为后面的民族条款确定了基础;第三条第四款将民主集中制原则引入中央与地方关系之中,将党中央集中统一领导与发挥地方主动性、积极性相结合。在此基础上,《宪法》第四条第三款规定了民族区域自治的基本制度。从体系解读的角度来说,第四条所规定的民族区域自治问题,本质上也是一种特殊的"央地关系"。就像乔晓阳在解读《宪法》第三十一条的特别行政区条款时所指出的那样,《宪法》第三十一条位于《宪法》第三十条关于我国的各级行政区域的设置后,特别行政区是央地关系下一种特殊的"地方",从而也再一次体现

---

❶ 邵六益.从"中国各族人民"到"中国人民"的社会主义塑造(1949—1954)[J].开放时代,2023(3).

了我国的单一制国家制度。❶ 因此，结合《宪法》的前后条款来看，第四条同样受制于第三条的约束，需要在民主集中制下发挥中央和民族区域自治地方的两个积极性，从而保证了民族区域自治符合单一制国家的基本要求，在制度层面上保障了民族团结的基本要求。这也有助于我们正确认识民族区域自治制度和《民族区域自治法》维护民族团结、国家统一的初心。当然，现行《宪法》总纲的目标条款、基本权利和基本义务条款、国家象征条款都在某种意义上有助于"民族团结"的论证，但是本节只关注《宪法》总纲中作为基本原则的条款，而且集中于对通常理解的民族条款第四条的前三条进行解读，即关注了国体条款、政体条款、民主集中制条款对第四条民族条款的意义，从结构上来说也更能凸显体系性解释的努力方向。

**（二）民族问题属地化处理**

中华民族共同体意识的塑造不仅依赖于五千年历史中共同创造的光辉灿烂文化，也不仅仅是由于近代以来中国各族人民在革命历程中的风雨同舟，更在于中华人民共和国的社会主义建设中所形成的互帮互助的和谐民族关系，民族平等、民族团结、各民族共同繁荣是基石。《宪法》正文部分在多处体现出维护民族团结、铸牢中华民族共同体的宗旨。第一章"总纲"第四条做了总体性的规定，其第一款规定各民族一律平等、保障民族团结和禁止民族分裂；第二款规定"国家根据各少数民族的特点和需要，帮助各少数民族地区加速经济和文化的发展"，帮助少数民族地区的经济社会发展是社会主义的重要体现。《宪法》第五十二条进一步将维护民族团结作为公民的基本义务，"中华人民共和国公民有维护国家统一和全国各民族团结的义务"。值得注意的是，与《共同纲领》、"五四宪法"、"七五宪法"、"七八宪法"相比，现行《宪法》的第四条第二款有一个重大转变。

1949 年的《共同纲领》第五十三条规定"人民政府应帮助各少数民族

---

❶ 乔晓阳.论宪法与基本法的关系 [J].中外法学，2020（1）.

的人民大众发展其政治、经济、文化、教育的建设事业";"五四宪法"第七十二条规定"……帮助各少数民族发展政治、经济和文化的建设事业";"七五宪法"第二十四条规定"……积极支持各少数民族进行社会主义革命和社会主义建设";"七八宪法"第四十条规定"……积极支持和帮助各少数民族进行社会主义革命和社会主义建设,发展社会主义经济和文化"。前几部宪法对少数民族的帮助都以民族身份为标准,但是在"八二宪法"发生了重大的转变。"八二宪法"第四条第二款规定,"国家根据各少数民族的特点和需要,帮助各少数民族地区加速经济和文化的发展",相关规定改变为"帮助各少数民族地区加速经济和文化的发展"。也就是说,现行宪法对少数民族的帮助是以"少数民族地区"为标准的,改变了此前以民族为标准的帮扶原则。国家帮助少数民族地区发展,而非仅仅帮助少数民族发展,从属人到属地的转变也是现代国家建设的重要组成部分。❶ 中华人民共和国成立后民族区域自治不是单纯以民族作为自治单位——民族人口不是自治区设立的唯一标准,而是以民族区域为自治单位,这既符合中国汉族人口基数大、不同民族混居的历史久远之现实,也有助于避免民族隔离或纠纷,实现共同发展。❷《民族区域自治法》的序言第三段进一步确认,"实行民族区域自治,对发挥各族人民当家作主的积极性,发展平等、团结、互助的社会主义民族关系,巩固国家的统一,促进民族自治地方和全国社会主义建设事业的发展,都起了巨大的作用"。从这一规定可以看出,国家保障的是民族区域自治的"地方"与全国共同发展,而不是侧重于不同民族群众之间的差异。

## 四、结语

国家认同是现代国家建设的核心任务之一,多民族国家中必然会出现

---

❶ 强世功.中国香港:政治与文化的视野 [M].北京:生活·读书·新知三联书店,2014:181-186.

❷ 汪晖.东西之间的"西藏问题"(外二篇)[M].北京:生活·读书·新知三联书店,2014:80-85.

民族认同与国家认同的张力。清代末年大变局以来，少数民族的国家认同成为中国现代转型的关键，政治家和知识分子给出了不同的方案，最终中国共产党找到了成功的道路：借助社会革命解放包括少数民族在内的被压迫群众，不仅塑造了革命的伟力，而且塑造了超越民族身份的阶级认同。❶中华人民共和国成立后，国家在各少数民族地区逐步进行了社会主义改造，在民族认同的基础上形成了对社会主义中华民族的国家认同，并通过民族区域自治制度将"多元一体"的民族关系格局法制化。❷法律是保障民族团结的重要手段，其中宪法发挥着基石作用。新形势下民族工作面临"五个并存"的新局面，即改革开放和社会主义市场经济带来的机遇和挑战并存，民族地区经济加快发展势头和发展低水平并存，国家对民族地区支持力度持续加大和民族地区基本公共服务能力建设仍然薄弱并存，各民族交往交流交融的趋势增强和涉及民族团结因素的矛盾纠纷上升并存，反对民族分裂、宗教极端、暴力恐怖斗争成效显著和局部地区暴力恐怖活动活跃多发并存。❸在这样的背景下，学术研究应该转变视角，从各个学科助力"铸牢中华民族共同体意识"命题的学术话语，法学研究也应该以此为契机重新解读宪法中的民族团结条款。

拥有多民族的现代国家需要建立在各民族团结的基础之上，社会主义的中华民族大家庭构成了我国宪法的政治基础。现行宪法中蕴含着丰富的民族团结条款，而且这些内容不限于直接包含"民族团结"语词的条款。在宪法文本中，一方面，《宪法》序言提供了铸牢中华民族共同体意识的历史和理论正当性；另一方面，《宪法》正文不仅规定了具体的民族团结条款，更是以国体条款、政体条款、民主集中制条款为民族条款提供前提与基础，共同维系社会主义民族理论的基本原则。从法治的角度来说，宪

---

❶ 殷之光.政治实践中的"中华民族"观念——从立宪到革命中国的三种自治[J].开放时代，2016（2）.

❷ 常安.社会主义与统一多民族国家的国家建设（1947—1965）[J].开放时代，2020（1）.

❸ 国家民族事务委员会.中央民族工作会议精神学习辅导读本（增订版）[M].北京：民族出版社，2019：262.

法是铸牢中华民族共同体意识的基础，但是法治不是塑造中国统一的多民族国家的源动力，中国共产党领导下的中华民族交往交流交融才是。

另外需要注意的是，尽管 2018 年《宪法》纳入了"中华民族"的新提法，但是在具体条款中并未有太多修改，如针对民族地方出现的国家通用语言文字地方性立法与实践问题，《宪法》第四条第四款等还未作修订，且宪法的规定较为抽象，还需要依靠具体的法律，如《民族区域自治法》，其蕴含着丰富的"民族团结"法律资源。还需要指出的是，尽管《宪法》和《民族区域自治法》都将促进民族团结作为最根本的立法宗旨，但相关法律中涉及"民族团结"的条款还不足以构成一个体系，且《民族区域自治法》自 2001 年修订至今已有 20 年，随着经济社会的发展及各民族大流动、大融居的新型民族交往格局逐步形成，《民族区域自治法》在回应铸牢中华民族共同体意识的时代命题时具有一定的滞后性。与此同时，多个地方都已经开始了地方性的民族团结进步立法实践，但各地的民族团结进步地方立法差异不小，标准不完全一致。是否依照《宪法》和《民族区域自治法》中关于民族团结的基本精神与相关规定，制定一部全国层面的"民族团结进步促进法"或许是未来重要的研究命题。

# 第三节 《民族区域自治法》的政法解读<sup>*</sup>

## 一、问题的提出

铸牢中华民族共同体意识离不开法治的参与，《民族区域自治法》是依法治理民族事务的基本法律，在"铸牢中华民族共同体意识"命题提出前就已经是民族法治研究中的重点议题。这些研究对于新时代如何加强和改进民族工作有重要意义，但都侧重于从司法的视角解读民族区域自治法，对法律之外的东西关注较少。❶ 其实，任何法律在制定时都有特定的历史、政治、社会、经济考虑，"法律的生命在于政治，法律的创生来源于政治，法律的运作依赖于政治，法律的死亡也归因于政治"❷。任何国家的法学研究都有其政法背景，不仅政法体制是理解中国特色社会主义法治理论的关键，政法法学也是法学研究的本来面貌，对于具有较强公法和政治性的相关研究来说更是如此，立法本质上就是将党领导下的人民意志转变为国家意志的过程。❸ 民族理论是政法研究的重要议题，地理空间、气候物产、人口结构等是国家政治构成的基本因素，人民的构成影响了国家

* 基金项目：司法部法治建设与法学理论研究部级科研项目"民族地区复合型法治人才培养研究"（22SFB5006）阶段性成果。

❶ 有学者根据法律是否能够司法划分为"司法适用导向的法律"和"行政执法导向的法律"，指出《民族区域自治法》包含太多抽象、模糊的"愿景性规范"，进而认为其本质属性在于"中央（国家）对民族自治地方的优惠照顾"。参见沈寿文. 理解"行政执法导向的法律"——一种对我国《民族区域自治法》立法思路的思考 [J]. 政治与法律，2018（3）.

❷ 强世功. 如何思考政法 [J]. 开放时代，2023（1）：74.

❸ 邵六益. 党如何领导立法——以人大立法为例 [J]. 毛泽东邓小平理论研究，2021（7）.

的结构和政府的形式。在现代民族国家浪潮下，民族身份是人民最为重要的构成因素之一，对民族问题的理解不能局限于法律的文本，必须回到国家建构中的民族问题与族群关系视角。民族问题涉及国家建构问题，实质是人的整合——国家公法学的核心议题。❶社会主义政法体制的合众为一功能是我们解读《民族区域自治法》必不可少的知识准备，这种社会主义规范性来源于民族区域自治制度本身的特性。❷

《民族区域自治法》是民族区域自治制度的法律表达，虽然法律颁布于 20 世纪 80 年代，但却是对中华人民共和国解决民族问题的创造性探索的法律确认，对其的理解不能忘却 20 世纪 50 年代国家建构的初心，只有在理解了民族区域自治制度的基本精神后才有可能理解《民族区域自治法》。民族区域自治服务于统一的多民族国家建构，实现了对少数民族的政治吸纳与合法性建构——这是中华人民共和国重要的政治建构任务。《民族区域自治法》首先是一部国家建构的法律，承载了 20 世纪 50 年代的国家精神。同时，作为 80 年代产物的《民族区域自治法》，又带有改革开放后浓厚经济主义的痕迹，如《民族区域自治法》非常具体甚至琐碎地规定了对少数民族地区的各种扶持政策，第六章"上级国家机关的职责"关于国家对少数民族地区的帮扶义务占据了整部法律 1/4 以上篇幅，第三章"自治机关的自治权"中也有多处涉及经济条款。在实践中，经济因素也是很多地方设立民族区域自治地区的重要动因，政治考虑逐渐隐退，这一经济进路削弱了国家的一体化的调节能力，难以回应改革开放后的社会分化问题，铸牢中华民族共同体意识的提出在某种程度上便是指向这些困境，这就要求我们改变从自治的角度解读《民族区域自治法》，重新发掘其指向国家统一的建构性因素。需要指出的是，新时代铸牢议题不是中华人民共和国成立之初国家建构精神的简单再现，而指向一种全新的解释方

---

❶ 斯门德 . 宪法与实在宪法 [M]. 曾韬，译 . 北京：商务印书馆，2020.

❷ 对《民族区域自治法》中抽象的"愿景性规范"的理解就不能局限在法学界的司法化进路，而应该从社会主义的角度予以理解。参见常安 . 理解民族区域自治法：社会主义的视角 [J]. 中央社会主义学院学报，2019（4）.

向。本节将按照时间线索分别梳理民族区域自治背后的国家建构、经济维系和铸牢价值，并以此指导《民族区域自治法》学理阐释，对未来的修法提出相应的建议。

## 二、20 世纪 50 年代民族区域自治的制度初心

实现多民族国家的政治整合是近代中国的重要使命。"二战"后全球面临第三波民族国家浪潮，中国共产党将马列主义基本原理与中国国情相结合，在民族平等、民族团结和各民族共同繁荣的基础上缔造了中华民族大家庭，在不断完善民族区域自治制度的基础上完成了中华民族共同体的政治塑造，实现了对各民族人民的政治吸纳。

### （一）多民族国家的现代整合

古代中国的不同民族、不同区域之间有着比较紧密的关联，这既有地理上的原因：中国东临海洋、西抵沙漠、北接草原的地理格局，本身带来一定的地理内聚力；更有地理格局带来的社会经济上的内在凝聚性：传统中国的中心与边缘之间的经济互补塑造了较为稳定的经济共同体。一方面，作为中国核心区域的中原区域农耕文明发达，精耕细作下能够做到自给自足，没有扩张或向外殖民的内在动力；另一方面，中国核心区域的农耕与边疆的游牧之间存在着较强的经济互补性，特别是周边地区对核心区域的茶叶、丝绸、金属等方面存在刚需，中原对边疆有较强的吸引力，使得中国很早就是统一的多民族国家。❶地理、经济上的联系与思想观念上的大一统理念相伴相生，保障了这一稳定的共同体历经数千年而不散，即便是在魏晋南北朝或辽宋夏金这样的大分裂时期，并立政权依旧以追求统一为共同目标，从而为后一时期更大规模和更高程度的大一统奠定基础。

近代以来，清朝被裹挟到以民族国家、现代法律为基础的国际秩序中，为了应对三千年未有之大变局带来的现代转型的压力，必须对中国的

---

❶　苏力. 大国与大一统，以及帝国 [J]. 开放时代，2023（1）.

民族关系进行全新的构建。在经典民族国家谱系中，民族既可以成为国家统合的标准，也可能成为一个国家内部纷争的来源。近代的大转型中诸多帝国走向崩溃，分裂为许多民族国家，晚清虽国力衰弱却维持了国家统一，这得益于大一统的政治传统、民族政策上的及时调整等多重因素。从晚清时的"驱除鞑虏，恢复中华"到民国初年的"五族共和"，再到国民政府的国族建设，政治精英已经意识到维持多民族团结之于国家统一的重大意义。但这些主张未能在中华民族的多元与一体之间寻找到合适的制度平衡点，特别是国家治理能力无法深入基层。对民族问题的解决涉及近代以来政治正当性的重构，其道路选择与各国的历史传统和现实诉求紧密相关，既需要避免传统理论中的一个民族一个国家，也要区别于苏联加盟共和国的联邦制，还要与美国式的民族同化或现代欧洲的文化多元主义有所区别。中国共产党在马克思列宁主义的指导下，寻找到了底层动员、在民族身份之上塑造阶级认同的思路，最终获得了革命的胜利，中华人民共和国成立后开始探寻将这套理念落实下来的制度。❶学习苏联实行民族共和国基础上的联邦制是最容易想到的方向，但中国各民族大杂居小聚居、少数民族人口总体较少等不同于苏联的特点，加上近代以来列强支持中国各军阀的分裂倾向，因此中华人民共和国采取单一制的国家建构模式。

如何在单一制下实现民族议题上多元与一体的结合？在 1936 年建立的豫海县回民自治政权、1947 年内蒙古自治区的基础上，我国不断完善民族区域自治制度。在马克思主义的指导下，阶级理念成为民族之上统合性理念，在阶级理念下更好地推进了民族之间和民族内部的平等。中国历史上一直存在大民族主义与地方民族主义之争，大民族主义不仅仅指大汉族主义，也包括少数民族之间的大民族主义，为了真正维护各民族的利益，我国展开了民族识别工作——苏联只承认进入资产阶级阶段的族群为民族，我国民族识别工作则超越了这一限制。不仅如此，我国在各少数民族内部有步骤地推行民主改革与社会改革，并在此基础上于 1953 年年底开

---

❶ 常安.缔造社会主义的中华民族大家庭——新中国民族区域自治制度的奠基历程［J］.学术月刊，2019（9）.

始全国范围的选民登记和第一届全国人民代表大会的选举工作，在民族身份之上塑造了无产阶级的新政治认同，无产阶级能够超越地域和民族之别实现全国层面的统一，借助这样的方式完成了中国人民的整体构建和制宪权的统一。❶ 我国借助社会主义的政治塑造机制实现了民族平等与民族团结，民族区域自治制度作为现代中国建构的重要组成部分，实现了对各族人民的政治吸纳和制度安排。

### （二）单一制下的民族区域自治

民族区域自治内置于单一制国家的整体安排之中。1949 年《共同纲领》对民族问题作出了规定，民族制度被置于国家建构的基础框架之中，这些规定被后来的历次宪法继承和发展，特别是"八二宪法"在序言、总纲及学界更为熟悉的第三章第六节"民族自治地方的自治机关"中专门对民族区域自治作出规定，这些规定背后蕴含着明晰的民族团结初心。❷ 单一制是我国的国家结构形式，自治只是表现形式而已；民族区域自治制度借助"分"的手段实现了"合"的国家建构，这一辩证法是如何实现的？其中的关键在于，借助制度设计，我国将民族因素与区域因素、政治因素与经济因素、历史因素与现实因素相结合，实现了犬牙交错的区划设置，更好地促进了各民族的交往交流交融。

中国的民族区域自治地方除少数情况外，大部分自治地方的设立没有固守少数民族占人口多数的原则，更没有按照"一个民族一个地区"的方式教条地设立，而是充分尊重我国少数民族"大杂居、小聚居"的分布特点。与此同时，考虑到有些少数民族聚居区包含两个以上少数民族，我国开创了包含多个民族的民族区域自治单位，如湖南湘西土家族苗族自治州包含两个少数民族，云南双江拉祜族佤族布朗族傣族自治县包含四个少数

---

❶ 邵六益. 从"中国各族人民"到"中国人民"的社会主义塑造（1949—1954）[J]. 开放时代，2023（3）.

❷ 邵六益. 宪法如何铸牢中华民族共同体意识 [J]. 西南民族大学学报，2023（1）；邵六益. 宪法如何构成香港的宪制基础 [J]. 中央社会主义学院学报，2022（6）.

民族，而最有特色的是广西龙胜各族自治县和隆林各族自治县，"各族"这样一个抽象的所指与现在所说的中华民族概念同样是个整合性的概念。

总之，民族区域自治制度并不以自治为主要追求，其制度依归恰恰在于是缔造和巩固社会主义的中华民族大家庭，民族区域自治以帮助民族地区实现现代化发展和促进各民族交往交流交融为战略目标，在维护国家统一和尊重少数民族特殊性之间寻求一种平衡的制度安排。

之所以要通过制度的方式保证各民族的交往交流交融，与中国民族关系的现状紧密相关。中国历史上各民族的紧密交往，使各民族人民有着休戚与共的共同情感，在近代以来共同抵御外来侵略的过程中生发出荣辱与共、生死与共的近代民族意识。在民族国家的第三波浪潮下，民族国家成为最重要的国家形式，以国家为核心单位的国际秩序使各民族必然是一个共同体，各民族人民都是中华民族的成员。现代国际秩序下的中华各民族关系，与传统相比经过了一种现代性的转换：传统中国各民族的紧密关系更多是认同中华文化后交往交流交融的结果，近代以来特别是中国共产党完成的各民族关系的制度化，则是一种具有制度正当性的安排。也就是说，中华人民共和国成立后在民族问题上的制度建设和政治吸纳已经使各民族成为一个现代民族的整体，从而将历史上的中华民族转变为现代政治中的政治民族，无论内部行政区划如何划分，都不会改变各民族人民在一起组成制宪权主体的事实。

民族区域自治的核心特色在于，在保证民族特色的同时将其融入国家体制之中，"既……又……"的表述必须回答具体的提问，在什么地方应该同，在什么地方可以异，即同一性与特殊性的关系如何处理？这实际上是对中华民族多元一体格局的法学回应。民族学界近来对多元与一体关系的研究汗牛充栋，从法学研究的角度来说应该强调的是，宪制本身就是指向统一的，这是所有国家建构理论与实践必须坚持的底线，无论是在我们讨论的民族问题中还是在港澳研究中均如此。无论是单一制的中国，还是联邦制的美国、德国，都不会允许种族、民族、人权、宗教问题分裂国家，如波斯纳认为美国宪法并非自杀契约，不会因为保护人权而自缚手脚；❶德国孕育了敌人刑法学议题，即只有在划分敌我、确立国家的核心认同的基础上，才有对个人的权利保护问题，对恐怖分子的人权保护不能过分。❷回到中国的民族问题上来，只有在完整主权的国家范围内，才有可能保护好内部各民族真实的权利。近代中国历史一再告诉我们这个朴素的道理，列强入侵时，无论满汉回蒙藏都共同面对亡国灭种的危险。因此，在当代国际秩序中所有民族共享一个政治身份：中国人民。

### 三、20 世纪 80 年代《民族区域自治法》的时代精神

多民族的政治整合是非常重要的国家建构内容，但民族的融合不能停留在制度上，需要以润物细无声的方式入脑进心，经济互补、社会互嵌是最为有效的民间方式。经济共同体是塑造中华民族多元一体格局的关键，中华人民共和国成立之初国家采取了很多手段不断打造共同体的经济基础，在改革开放后这一经济进路被推广到更高的程度。特别是 1984 年改革开放的时代背景下，《民族区域自治法》包含了大量的经济条款，试图从经济维度推动各民族之间的平等，试图为各民族的政治共同体提供坚实的经济基础。

"五四宪法"规定，要在"动员和团结全国人民""发扬各民族间的友爱互助……反对大民族主义和地方民族主义的基础上"，继续加强"我国的民族团结"，规定了"各民族一律平等。禁止对任何民族的歧视和压迫，禁止破坏各民族团结的行为"，并明确了"各民族自治地方都是中华人民共和国不可分离的部分"。"文化大革命"期间，以阶级斗争为纲带来严重的问题。改革开放后民族工作开始"拨乱反正"，1978 年恢复了此前被撤销的国家民族事务委员会，纠正了此前以阶级斗争为纲的时代阶级性压倒民族性的错误，承认民族的客观存在不可能短期内消解，恢复了中华民族

---

❶　波斯纳.并非自杀契约：国家紧急状态时期的宪法 [M].苏力，译.北京：北京大学出版社，2009.

❷　关于德国刑法学中的敌人刑法学，可参见雅科布斯.敌人刑法学说 [J].汤沛丰，译.量刑研究，2019（1）.

多元一体政治建构的智慧。立法是对政治的确认,《民族区域自治法》建立在国家对民族问题全新认识的基础之上。

1981 年《中共中央关于建国以来党的若干历史问题的决议》提出,"改善和发展社会主义的民族关系,加强民族团结,对于我们这个多民族国家具有重大的意义"。在这一决议的基础上,1982 年《宪法》修订时增加了多条民族团结的条款,如要求全国人民代表大会的组成中"各少数民族都应当有适当名额的代表"(第五十九条)。1984 年《民族区域自治法》是建立在上述政治判断和宪法确认的基础之上的宪法学法律,对其法律精神的理解应该与当时整个时代的精神相符。

中华民族的多元一体格局离不开经济上的互补关系,政治共同体需要建立在稳固的经济共同体基础上。我国特别关注各民族间的经济平等,如 1950—1958 年,国家对少数民族地区的投资超过 70 亿元,占这九年国内生产总值的 1% 左右。再如作为 1949 年后 30 年间重要经济手段的"三线建设",对当时的中华民族共同体建设起到了非常重要的作用。需要指出的是,此一时期经济手段服务于当时的国家建设实践,国家主导的一体化的经济协调手段具有较强的国家再分配功能,能够弥补经济手段的自发性。

20 世纪 80 年代市场逻辑兴起后,民族工作非常注重采用经济手段,但这时的经济手段具有更强的自发性,与 50 年代民族法规中的经济规范存在着本质区别,这一点也可以从不同时期民族领域基本法律的对比中看出。我国 80 年代启动了《民族区域自治法》的制定工作,但是这并不意味着民族领域在 1984 年之前就没有法律,其实在 1952 年中央人民政府就颁布了《民族区域自治实施纲要》。在这部晚于《共同纲领》、早于"五四宪法"的民族领域的重要法律中,包含了一些经济方面的规定,这些经济条款基本上属于国家主导下的经济政策,如在第四章"自治权利"中,第十九条规定"在国家统一的财政制度下,各民族自治区自治机关得依据中央人民政府和上级人民政府对民族自治区财政权限的划分,管理本自治区的财政";第二十条规定"在国家统一的经济制度和经济建设计划之下,各民族自治区自治机关得自由发展本自治区的地方经济事业"。1952

年《民族区域自治实施纲要》对财政制度和经济建设的规定是以国家计划为主导的，在 1984 年《民族区域自治法》中，经济条款中国家主导的痕迹消退，具备了我们今天更为熟悉的自由市场的特色。同样在"自治机关的自治权"一章中，对应的规定如第二十五条规定"民族自治地方的自治机关在国家计划的指导下，根据本地方的特点和需要，制定经济建设的方针、政策和计划，自主地安排和管理地方性的经济建设事业"；第二十六条第一款规定"民族自治地方的自治机关在坚持社会主义原则的前提下，根据法律规定和本地方经济发展的特点，合理调整生产关系和经济结构，努力发展社会主义市场经济"；第三十二条第二款规定"民族自治地方的自治机关有管理地方财政的自治权。凡是依照国家财政体制属于民族自治地方的财政收入，都应当由民族自治地方的自治机关自主地安排使用"。

20 世纪 50 年代民族法治中经济政策，旨在通过国家手段追求实质平等，是一种结果层面的干预；但是改革开放后民族法治中的经济条款的落脚点是机会平等。在这个意义上，尽管《民族区域自治法》是对 20 世纪 50 年代民族区域自治制度的法律确认，但这部法律却带有强烈的 80 年代精神气质。50 年代的国家建设综合采用了多种手段，完成了对各民族的政治整合，国家主导的一体化经济手段意义重大。80 年代的《民族区域自治法》中经济条款的比重大幅提高，此一时期国家大部分事务都服务经济主导的市场逻辑，这也与整个 80 年代精神相符合。

## 四、新时代"铸牢中华民族共同体意识"命题的法治构建

解读《民族区域自治法》离不开对民族区域自治制度的理解，《民族区域自治法》传统研究的最大问题在于突出民族因素，忽略了地区因素。在 2021 年中央民族工作会议上，习近平总书记明确指出，"必须坚持和完善民族区域自治制度，确保党中央政令畅通，确保国家法律法规实施，支持各民族发展经济、改善民生，实现共同发展、共同富裕"❶。也就是说，

---

❶　中共中央统一战线工作部，国家民族事务委员会.中央民族工作会议精神学习辅导读本：代序［M］.北京：民族出版社，2022：21.

民族区域自治制度的实施首先要保证中央政令统一和制度实施，而不应该简单成为自治的法律。本节主要以《民族区域自治法》的序言和总纲部分为例进行研究。

《民族区域自治法》是我国实施民族区域自治的基本法律，对民族区域自治制度的建立、自治机关的组成及权力等作出了权威的规定。《民族区域自治法》的宗旨不仅仅是保障自治权利，更是通过对自治权利的维护以实现各民族平等、团结、共同繁荣的愿景目标。《民族区域自治法》序言第一段阐明的是立法依据，在第一段第一句就开宗明义地确定："中华人民共和国是全国各族人民共同缔造的统一的多民族国家。"从法理上来说，这句话包含着三层重要的宪制意义：第一，中华人民共和国是由全国各族人民缔造的，而不是由各民族缔造的，这就意味着新中国的制宪权主体是中国人民，而非各个民族，各民族的人民群众有一个共同的政治身份——中国人民，这从理论上保证了中国的完整性。第二，统一的多民族国家，更是确认了国家的统一性，我国的多个民族共同构成统一的国家。第三，"共同缔造"既是完成时，也是进行时的表述。从完成时的角度来说，由于共同缔造所以不可分割；从进行时的角度来说，由于这一铸牢事业还在不断推进，所以要常讲常新。

《民族区域自治法》序言第二段明确了我国各民族之间的社会主义民族关系。"民族区域自治是在国家统一领导下，各少数民族聚居的地方实行区域自治，设立自治机关，行使自治权。实行民族区域自治，体现了国家充分尊重和保障各少数民族管理本民族内部事务权利的精神，体现了国家坚持实行各民族平等、团结和共同繁荣的原则。"这段话有两层重要的、指向民族团结的含义：第一，民族区域自治是在国家的统一领导下进行的，由此我们也能够理解根本政治制度的人民代表大会制度与基本政治制度的民族区域自治制度的关系。第二，实行民族区域自治是为了实现各民族平等、团结和共同繁荣，民族区域自治并没有简单强调自治的民族和地区的特殊性，而是要将自治区域和民族纳入彼此联系的共同关系之中。序言第三段对此又进一步确认，"实行民族区域自治，对发挥各族人民当家作主的积极性，发展平等、团结、互助的社会主义民族关系，巩固国家的统一，促进民族自治地方和全国社会主义建设事业的发展，都起了巨大的作用"。

在第一章总则部分，多处强调民族区域自治地区的不可分割、国家统一、国家整体利益等。如第二条第三款规定，"各民族自治地方都是中华人民共和国不可分离的部分"；第五条规定，"民族自治地方的自治机关必须维护国家的统一，保证宪法和法律在本地方的遵守和执行"；第七条规定，"民族自治地方的自治机关要把国家的整体利益放在首位，积极完成上级国家机关交给的各项任务"。总之，对民族区域自治地方各项自治权的规定，核心在于实现民族团结与统一，如在第五章"民族自治地方内的民族关系"中，第五十三条规定了民族自治地方的教育问题，通过爱国主义、共产主义和民族政策的教育，最终要实现的是"各民族的干部和群众互相信任，互相学习，互相帮助，互相尊重语言文字、风俗习惯和宗教信仰，共同维护国家的统一和各民族的团结"。在《国务院实施〈中华人民共和国民族区域自治法〉若干规定》第一条"立法宗旨"条款中，我们也很清晰地看出，国家实行民族区域自治制度的核心指向通过经济社会发展，促进各民族的共同繁荣，最终增进民族团结。

《民族区域自治法》的颁布已近 40 年，立法本身有其时代特性和局限性，自 2001 年修订以来已经 20 多年。20 年来，随着经济社会的发展，各民族大流动、大融居的新型民族交往格局逐步形成，民族工作实践发生了重大变化，如 2018 年《宪法》已经将"中华民族"纳入其中，但是《民族区域自治法》还没有进行相应的修改。条件成熟的时候进行新一轮的法律修订，才是治本之道。

## 五、结语

铸牢中华民族共同体意识是一个非常值得关注的表达，其原初含义在于"意识"的塑造，虽然后来在铸牢中华民族共同体意识外，加上了"推进中华民族共同体建设"，在意识之外补充了制度建设的内容，但不可否认的是这一新思想首先指向的是意识层面的认同问题。政治吸纳、经济整合、共同体意识三个层面并非截然区分的，每个时期的民族工作都有这三个维度，无论是中华人民共和国成立之初的政治制度，还是改革开放后的经济建设，都为今天的铸牢中华民族共同体意识提供了制度资源和经济保障。对民族区域自治的理解既要回到 20 世纪 80 年代的基本精神，也需要面向未来直面中国当下的基本问题。新时代如何坚持和完善民族区域自治制度、正确行使民族区域自治权，是思考铸牢中华民族共同体意识法治保障必须面对的焦点议题。2021 年的中央民族工作会议强调"必须坚持和完善民族区域自治制度，确保党中央政令畅通，确保国家法律法规实施，支持各民族发展经济、改善民生，实现共同发展、共同富裕"，从铸牢中华民族共同体意识的角度来说，必须始终坚持党的领导，将社会主义作为民族区域自治制度的根本制度属性，始终"把维护国家统一和民族团结作为实施这一制度的根本目的"。

《民族区域自治法》是我国实施民族区域自治的基本法律，对民族区域自治制度的建立、自治机关的组成及权力等作出了权威的规定。但《民族区域自治法》的宗旨不仅仅是保障自治权利，更是通过对自治权利的维护以实现各民族平等、团结、共同繁荣的愿景目标，应该将维护国家统一和民族团结作为根本目的。在 2014 年中央民族工作会议上，习近平总书记强调，"自治区戴了某个民族的'帽子'，是要这个民族担负起维护国家统一、民族团结的更大责任。在自治地方，各民族享有平等的法律地位，共同建设各项事业，共享建设发展成果"。不能把涉及少数民族群众的一般性社会事务工作简单归结为民族工作，不能把涉及少数民族群众的民事和刑事问题简单归结为民族问题，不能把发生在民族地区的一般矛盾纠纷简单归结为民族矛盾。铸牢中华民族共同体意识已经成为民族工作的主线，只有将铸牢从一种国家政策转变为立法后，才能为铸牢事业提供稳定、持久、深厚的制度基础。

# 第四节 《地方组织法》充实铸牢中华民族共同体意识的法理阐释

## ——以法律文本的语言释义为中心

### 一、问题的提出

《中华人民共和国地方各级人民代表大会和地方各级人民政府组织法》（以下简称《地方组织法》）2022 年作出第六次修改。充实铸牢中华民族共同体意识是《地方组织法》此次修改的第六个方面内容，亦是此次修法的亮点，意义重大。❶ 就内容而言，此次立法修改针对铸牢中华民族共同体意识，既有新内容的增加，亦有原有内容的立法表述修改，主要涉及的法律条文有第十一条第十四项（旧法第八条第十四项）、第十二条第一款第十三项、第十二条第二款（旧法第九条第一款十二项、第二款）、第七十三条第九项（旧法第五十九条第八项）、第七十六条第五项（旧法第六十一条第五项）。具体而言，此次立法修改既有法律内部的民族权利方面的内容完善——将民族权利框定为合法的权利和利益，也有法律外部的民族政策和民族风俗习惯的规范化表达——将民族政策要求提升为法定职责，将尊重风俗习惯本身转变为保障保留或改革风俗习惯的自由。然而，问题在于，我们如何透过立法表述对其进行法理阐释？亦即，立法修改或表述变化背后的法理意义是什么？可以说，此次立法修改是铸牢中华民族共同体意识的地方组织法律制度建设的重大发展，亦是宪法关于地

---

❶ 王晨.关于《中华人民共和国地方各级人民代表大会和地方各级人民政府组织法（修正草案）》的说明——2022 年 3 月 5 日在第十三届全国人民代表大会第五次会议上 [Z].中华人民共和国全国人民代表大会常务委员会公报，2022（2）：287–295.

方组织规定的立法实施。具体而言，此次修法是铸牢中华民族共同体意识的法治地位提升，亦是其法治内容细化，还是其法治思维转变和法治方式确立，使其实现了从政策要求到法定职责、从抽象权利到合法权益、从尊重习惯到保障自由、从应当采取到依法采取的法治进路转变，因而更加明确、具体，进而充实了铸牢中华民族共同体意识的内容。概言之，《地方组织法》充实铸牢中华民族共同体意识的法理意义在于此次立法修改以"民族政策—民族权利—民族习惯—民族措施"为逻辑进路使铸牢中华民族共同体意识实现了规范化、制度化和具体化，进而在其法治化的进程中迈出了关键的一步，因而具有里程碑式的划时代意义。因此，立足于法律文本，从法律语言、法律逻辑、法学理论及法律政策等层面进行释义，对于《地方组织法》充实铸牢中华民族共同体意识的法理阐释就显得十分必要。

## 二、从政策要求到法定职责：铸牢中华民族共同体意识的法治地位提升

《地方组织法》"在地方人大和地方政府职责中分别增加'铸牢中华民族共同体意识'、'促进各民族广泛交往交流交融'等内容"[1]，由此可见，《地方组织法》首次将铸牢中华民族共同体意识、促进各民族广泛交流交融明确规定为地方组织的法定职责。这一规定的实质是将铸牢中华民族共同体意识从对地方组织的政策要求提升到了其法定职责。可以说，《地方组织法》的修订契合了我国民族工作新的发展需求，有利于地方各级人大和人民政府将治理民族事务工作重心向铸牢中华民族共同体意识转变"[2]。这是铸牢中华民族共同体意识"入法"的体现。而"铸牢中华民族

---

[1] 王晨.关于《中华人民共和国地方各级人民代表大会和地方各级人民政府组织法（修正草案）》的说明——2022年3月5日在第十三届全国人民代表大会第五次会议上[Z].中华人民共和国全国人民代表大会常务委员会公报，2022（2）：287-295.

[2] 张耀，田钒平.《地方组织法》修订：铸牢中华民族共同体意识制度之维[J/OL].（2022-04-08）[2022-07-17].中国社会科学网，http：//www.cssn.cn/mzx/llzc/202204/t20220408_5402763.shtml.

共同体意识'入法'就是以法文本的形式将新时代民族工作的主线纳入到我国法律法规体系中"❶。同时，在内容上，这一立法修改的本身是关于民族政策的基本规定。因此，铸牢中华民族共同体意识"入法"具有重要的法律语言、法律逻辑、法学理论和法律政策意义。

在法律语言和法律逻辑层面，铸牢中华民族共同体意识"入法"意味着，铸牢中华民族共同体意识会成为重要的法律语词，自然是重要的法律概念，因此，我们有必要明确其概念内涵和外延。需要指出的是，概念界定或语词定义的前提是明确其语词的词类性质及其常见的定义模式。一般而言，法律语词有法律基本用语和法律术语（理论也称为"法律用语"）之分，法律术语又有法律特有的法律术语和来自其他学科的法律术语之分。而语词定义的基本范式有法定含义、词典含义、学理含义及其他专业含义四种。以此而论，铸牢中华民族共同体意识是政策术语甚至是政治术语，其"入法"过程也是其概念形成过程。目前，其没有法定含义和词典含义，而有着较为丰富的（民族政策学）专业含义和学理含义。因此，我们需要结合学理含义和政策发展过程，对其概念进行理论界定。理论上一般认为，"'铸牢中华民族共同体意识'首次出现在习近平总书记在中央第二次新疆工作座谈会的讲话当中，随后经历了从'积极培养'到党的十九大报告中'铸牢'的转变。同时，2018年《宪法修正案》也载入'中华民族'的表述"❷。同时，在民族理论意义上，有学者指出："中华民族共同体意识是各民族对中华民族共同体的意识反映，其本质是理性与感性相统一的社会意识，政治认同、文化认同、身份认同是其重要的核心要义。"❸而在民族政策意义上，"铸牢中华民族共同体意识，就是要引导各族人民牢

---

❶ 蒋慧，孙有略."铸牢中华民族共同体意识"入法：理论阐释、规范考察与制度完善[J].广西民族研究，2021（3）：37.

❷ 李涵伟，程秋伊.铸牢中华民族共同体意识的法治进路[J].中南民族大学学报（人文社会科学版），2021，41（8）：48.

❸ 董慧，王晓珍.中华民族共同体意识的基本内涵、现实挑战及铸牢路径[J].中南民族大学学报（人文社会科学版），2021，41（4）：21.

固树立休戚与共、荣辱与共、生死与共、命运与共的共同体理念"❶。简言之，就是树立"四个与共"的共同体理念。同时，"四个共同"❷与"五个认同"亦是其核心要义，促进民族大团结、构筑中华民族共有精神家园、中华民族一家亲、民族广泛交往交流交融、依法治理民族事务、保障民族合法权益等是其重要理论内容。

在法学理论层面，铸牢中华民族共同体意识"入法"意味着，"铸牢中华民族共同体意识"是重要的法律原则。如常所知，法由法律概念、法律原则、法律规则三个要素组成。法律原则有政策性原则和公理性原则，显然铸牢中华民族共同体意识是政策性法律原则，背后蕴含着深刻的价值、道德、政策等因素，有利于铸牢中华民族共同体意识，有利于促进各民族广泛交往交流交融，应当成为重要的法律原则。同时，在前文将其作为法律概念进行明确界定的基础上，我们需要进一步为其建构基本的法律规则。例如，在民族地区的地方立法过程中，将其作为地方立法是否合法的实质评价标准。再如，在民族地区的司法实践过程中，将其融入社会主义核心价值观，使其成为重要的裁判说理依据。又如，在民族地区的行政执法过程中，将其作为行政行为是否合法的重要评价标准。还如，在民族地区的日常生活过程中，将其作为具体法律行为是否合法的价值评价标准。

在法律政策层面，铸牢中华民族共同体意识"入法"意味着，地方组织在履行职责过程中必须处理好法律与政策的关系。在内容层面，法律的政策化与政策的法律化是一对对立统一的范畴，涉及法律与政策的相互转化。法律的政策化是法律注重实质正义，关注法律外因素和社会效果的体现；而政策法律化是政策规范化、制度化、规则化的体现。正如有观点所言："将铸牢中华民族共同体意识的思想理念融入法律法规，有利于将宪法关于'中华民族'的规定转化为各族群众对伟大祖国的高度认同，将党

❶ 习近平.以铸牢中华民族共同体意识为主线 推动新时代党的民族工作高质量发展[N].人民日报，2021-08-29.

❷ 2019年，习近平总书记在全国民族团结进步表彰大会上提出了"四个共同"：各民族共同开拓辽阔疆域、共同书写悠久历史、共同创造灿烂文化、共同培育伟大精神。

中央关于民族工作的决策部署转化为覆盖各领域的约束性规范。"❶ 同时，在功能层面，法律规制与政策指引也是一对对立统一范畴，涉及法律与政策的功能联动。例如，"对少数民族犯罪的治理必须从政策治理向法治治理转变"❷。相比较而言，法律规制注重形式和程序，政策指引注重目的和实质。就法治实现而言，法律与政策的对立统一是形式和实质的统一，是在合法性的前提下，注重合理性与合目的性之统一的体现。具体到铸牢中华民族共同体意识"入法"，一方面具有政策法律化的意义，在立法层面提升了铸牢中华民族共同体意识的法治地位，并以"民族政策—民族权利—民族风俗习惯—民族措施"为逻辑进路不断明确其法治内涵；需要进一步努力的是将其规则化，形成具体的法律规制和法律命题。与此同时，这也是法律政策化的体现，在地方组织的法定职责中明确赋予了民族理论和政策的内涵。因为"用法律保障民族团结是民族工作的重要内容，是贯彻实施党和国家关于民族问题的方针、政策的法治保障"❸。另一方面，在法律实施层面，地方组织法的实施必须考虑铸牢中华民族共同体意识的政策指引和校正功能，可以有效防止地方组织在依法治理民族事务法律实施过程中的方向偏差和结果谬误。而"依法治理民族事务的根本就是用法治思维和法治方式来做好民族工作，用法律来保障民族团结，用民族事务治理法治化来促进民族关系的科学发展"❹。

**三、从抽象权利到合法权益：铸牢中华民族共同体意识的法治内容细化**

《地方组织法》"将'保障少数民族的权利'修改为'保障少数民族的

❶ 白春礼.加快推动民族事务治理体系和治理能力现代化——以铸牢中华民族共同体意识为主线 [N].人民日报，2022–02–23（12）.

❷ 虎有泽，程荣.新时期"两少一宽"少数民族政策研究——正确认识"三项政策"之三 [J].青海民族研究，2016，27（2）：84.

❸ 虎有泽.用法律来保障民族团结 [J].西北民族大学学报（哲学社会科学版），2015（2）：44.

❹ 虎有泽，程荣.在新发展理念下依法治理民族事务 [J].贵州民族研究，2017，38（8）：1.

合法权利和利益'"❶。由此可见，在立法表述上，《地方组织法》将"权利"修改为"合法权利和利益"。这一规定修改的实质是突出了对于少数民族权利保障从抽象权利到合法权益的转变，进而细化了铸牢中华民族共同体意识的法治内容。一方面，这一规定限定了权利的范围，强调不是所有的权利而是"合法"权利；另一方面，这一规定扩大了地方组织的保障范围，不但保障权利还保障利益。概言之，在内容上，这一立法修改的本身是关于民族权利的基本规定。

合法既有权利内容本身的合法，亦有权利行使的合法。前者是实体层面的"合法权利"，后者是程序层面的"合法权利"。一般而言，对于私权利，"法不禁止即自由"，即只要是法律不禁止的就是合法权利。民族权利是基于特殊考虑设置的权利，因而应当限定为只有法律明确规定的，才是法律允许的，才是合法权利。部分人无论是对民族权利本身还是对民族权利行使，都存在一定程度的误解，因而导致民族权利及其行使有滥用之嫌。此次立法修改之所以强调"合法"主要是为了纠正权利认识误区和权利滥用行为。一方面，对于权利内容本身，法律权利的设定必须受到平等原则的制约。因为差异意味着区别对待，是平等原则的突破，其或者表现为特权，或者表现为歧视。其实，立法之所以会有特殊考虑，是基于实质平等的弱势保护。但是，如果过分强调弱势保护，就容易矫枉过正，进而演化为一种特权。另一方面，对于权利行使，"禁止权利滥用"是基本的法律原则。其实，无论是弱势还是优势，都不能滥用。滥用弱势容易形成反歧视，形成新的法律特权；滥用优势容易"恃强凌弱"，如形成垄断、不公平交易等。概言之，无论是普通的权利，还是基于实质平等之弱势保护的特殊权利，都必须有所限度，不能滥用。权利、利益和权益，在法律语言层面是有着聚合意义的法律语词；在法律逻辑层面，三者是有着关联意义的法律概念。一般认为，权益是权利和利益的合称，根据《现代汉语

---

❶　王晨.关于《中华人民共和国地方各级人民代表大会和地方各级人民政府组织法（修正草案）》的说明——2022年3月5日在第十三届全国人民代表大会第五次会议上[Z].中华人民共和国全国人民代表大会常务委员会公报，2022（2）：287-295.

词典》，"权利"一词，作名词用，是指"公民或法人依法行使的权力或享受的利益"❶。在法律逻辑层面，权利主要强调人们"可以"做出的且受法律保护的行为。"权益"一词是指"应该享受的不容侵犯的权利"❷。在法律语境下，权益一般是指权利本身及权利行使所带来的利益，尤其是与权利相关的财产性利益。而作为二者共同因素的"利益"一词，作名词用，是指"好处"。而"好处"一词，作名词用，有两个义项："一是指对人或事物有利的因素；二是指使人有所得而感到满意的事物。"❸ 概言之，在法律语境下，权利和权益存在区别，权利强调人们"可以"作出的行为本身，而权益侧重于权利行使所带来的利益，二者都关注主体的利益保护，但是各有侧重。而利益的外延更加广泛，因而此次立法修改在立法表述中增加"利益"一词的表述，使法律对少数民族利益的保护更加全面。当然，"利益"应当受到"合法"一词的限定修饰。

同时，在法学理论层面，权利有自然权利和法定权利之分，少数民族权利是一种特殊的法定权利。"立法设置例外条款往往有特殊考虑，所以例外条款适用范围应受到严格限制：只能适用于有特殊规定的场合，且只有存在特殊考虑的事由或情形时才能适用。"❹ 因此，少数民族的权利不能泛化，因为少数民族的权利是特殊的权利，是法律基于特殊考虑的例外创设，必须对其概念内涵有所限定，同时还要明确其概念外延，而概念外延的类型化是一种合理选择。少数民族权利即少数民族所享有的特殊权利或自由。在概念外延上，少数民族权利是普通公民权利之外的特殊权利或自由，但是又不能超出宪法确认的公民基本权利的概念外延。换言之，少数民族同时享有宪法规定的公民基本权利和民法等法律规定的普通法律权利。少数民族权利是这些权利之外的特殊权利，是宪法基本权利的具体

---

❶　中国社会科学院语言研究所词典编辑室.现代汉语词典［M］.7 版.北京：商务印书馆，2017.

❷　何荣功.刑法适用方法论［M］.北京：北京大学出版社，2021：253.

❸　何荣功.刑法适用方法论［M］.北京：北京大学出版社，2021：253.

❹　何荣功.刑法适用方法论［M］.北京：北京大学出版社，2021：253.

化。其中，少数民族语言文字权利、风俗习惯自由等是典型的少数民族权利。不过，需要强调的是，少数民族语言文字权利的保障一定是在使用国家通用语言文字的前提下，基于语言交流顺畅的特殊考虑，不宜片面强调少数民族语言权利而忽视使用国家通用语言文字的法定义务。因为"国家通用语言文字是中国各族人民共同创造的文化成果，是中华民族共同体意识的重要载体"❶。

## 四、从尊重习惯到保障自由：铸牢中华民族共同体意识的法治思维转变

《地方组织法》"将地方各级人民政府职权中的'尊重少数民族的风俗习惯'，修改为'保障少数民族保持或者改革自己的风俗习惯的自由'"❷，由此可见，在立法表述上，《地方组织法》是将"尊重风俗习惯"修改为"保障保持或改革的自由"。这一规定修改的实质是立法对少数民族风俗习惯的态度转变——从尊重习惯到保障自由，其背后是铸牢中华民族共同体意识之法治思维的转变。同时，在内容上，这一立法修改的本身是关于民族风俗习惯的基本规定。

与少数民族权利一样，风俗习惯的内涵也需要合理界定，其外延也需要类型化明确。一般认为，风俗习惯应当是一种地方性常识，其特殊性不能被拔高和过分强调。共同体语境下应当多强调共同性，不能过分强调差异性。因为差异意味着区别对待，是平等原则的突破。如前所述，之所以有特殊考虑，是基于实质正义的弱势保护。同时，并非所有的风俗习惯都是被保障的风俗习惯，善良风俗和社会主义核心价值观是重要的筛选标准。受法律保障的风俗习惯应当是具有法律重要意义的风俗习惯。换言之，受法律保障的风俗习惯应当关涉法律关系，尤其是对当事人的法律权

---

❶ 王理万.国家通用语言文字制度的宪法逻辑——以铸牢中华民族共同体意识为视角 [J].中南民族大学学报（人文社会科学版），2022，42（3）：49.

❷ 王晨.关于《中华人民共和国地方各级人民代表大会和地方各级人民政府组织法（修正草案）》的说明——2022 年 3 月 5 日在第十三届全国人民代表大会第五次会议上 [Z].中华人民共和国全国人民代表大会常务委员会公报，2022（2）：287–295.

利产生重要影响。同时，受保障的风俗习惯的法律表达应当尽量规范化、法律化。根据《民法典》第十条，习惯具有法律效力，是重要的法律渊源。但是，笔者一直主张，风俗习惯不应该泛泛而谈，而应当成文化、体系化和类型化，至少让社会公众和法律实践明确我们有哪些风俗习惯，哪些风俗习惯是具有法律重要意义的。可以根据社会生活或法律领域，将风俗习惯分为家事风俗习惯、饮食风俗习惯、交易风俗习惯、财产分配风俗习惯、节日风俗习惯等。同时，我们还可以根据行为模式，将其分为礼仪风俗习惯、禁忌风俗习惯等。例如，"根据现有法律法规和《优化营商环境条例》的相关规定，坚持市场化、法治化原则，对弥补法律之不足的'行规'予以认可……发挥'行规'的自律功能，从而实现少数民族餐饮业营商环境法治化"❶。当然，风俗习惯必须和法律互动，并经过法律的认可。所有的风俗习惯不能违反国家法律和基本的民族政策，我们应当在不违反法律和政策的前提下，最大限度地保障少数民族风俗习惯的实现。当然，多强调共同体而非个体是基本前提。

根据《现代汉语词典》，"尊重"一词共有三个义项，"一是作动词用，意思是尊敬、敬重，常与人搭配；二是作动词用，意思是重视并严肃对待，常与事物搭配；三是作形容词用，意思是庄重（指行为）"❷。这里，"尊重"显然是第二个义项：重视并严肃对待。而"保障"一词共有两个义项，"一是作动词用，意思是保护（生命、财产、权利等），使不受侵犯和破坏，而"保护"一词又指尽力照顾、使不受侵害；二是作名词用，意思是起保障作用的事物"❸。这里，"保障"一词显然是第二个义项。而在法律语言中，"尊重"往往意味着不歧视与不侮辱。"保障"则往往意味着确保实现，是一种积极义务，不但不能侵犯，还必须排除危险、消除障碍，

---

❶ 尕永强，虎有泽.论"行规"对民族餐饮业营商环境法治化之影响 [J].贵州民族研究，2020，41（11）：77.

❷ 中国社会科学院语言研究所词典编辑室.现代汉语词典 [M].7版.北京：商务印书馆，2017：1754.

❸ 中国社会科学院语言研究所词典编辑室.现代汉语词典 [M].7版.北京：商务印书馆，2017：45，47.

救济侵害，最终确保实现。相比较而言，尊重比保障更抽象，政策意义也更强。同时，就语词组合而言，"尊重"往往对应的是人格尊严等抽象人格权，而"保障"一般对应的是人身自由、人身安全等相对具体的一般人格权。这里，"尊重"对应的是风俗习惯本身，而"保障"则是少数民族保留或改革风俗习惯的自由。就法治实践而言，自由保障比习惯尊重更加具有实践性和可操作性，背后蕴含着具有实践理性的法治思维。

其实，对于风俗习惯，无论是尊重还是保障自由，立法的目的是发挥风俗习惯的法治功能。在守法层面，风俗习惯有利于规范社会成员的行为，有利于形成规范预测，减少社会纠纷，化解社会矛盾。在司法层面，风俗习惯是重要的调解手段。无论是对于社会调解还是法律调解，风俗习惯都是不可或缺的重要因素。尤其是对于民事纠纷化解，风俗习惯可以实现国法、天理、人情的统一，有利于当事人的对话协商进而形成基本共识，进而实现社会治理之法律效果、社会效果和政治效果的统一。在此，涉及法律与习惯之关系的重新审视。学界较多关注的是民族习惯法与国家制定法的冲突与调适。相比较而言，本节更倾向于关注二者的良性互动，尤其是二者在社会治理和"良法善治"层面的功能联动。法律和风俗习惯都是社会规范，都具有行为规制、社会评价及规范教育功能，二者的区别在于法律更具有强制性，而习惯更具有惯常性。民族地区的法治实现，二者缺一不可，法律是边界和限度，而习惯更容易被熟知和接受。具体到铸牢中华民族共同体意识，此次立法修改体现了我们对民族风俗习惯的态度，蕴含着政策法律化的规范内容，对风俗习惯不再是抽象的尊重，而是更加具体和具有实践理性的保留和改革的自由保障，也更加注重风俗习惯的功能化特征和实践运用——以法治思维和法治方式发挥风俗习惯的法治治理功能，注重风俗习惯在历史认同、文化认同及法治认同方面的融会贯通功能。虽说这一规定只是地方人大和地方政府的法定职责，但是应当适用于其他地方组织，尤其是地方行政机关的基层治理和地方司法机关的司法活动。

### 五、从应当采取到依法采取：铸牢中华民族共同体意识的法治方式确立

《地方组织法》"将少数民族聚居的乡镇人大行使职权时'应当采取适合民族特点的具体措施'，修改为'可以依照法律规定的权限采取适合民族特点的具体措施'"❶。简而言之，在立法表述上，《地方组织法》将"应当采取"修改为"可以依照法律规定的权限采取"。这一规定一方面强调从"应当"到"可以"的转变，是从职责到职权的转变；另一方面还强调必须"依照法律规定的权限"，即依法采取。这一规定的实质是铸牢中华民族共同体意识的法治方式确立——从应当采取到可以依法采取。在内容上，这一立法修改的本身是关于民族具体措施的基本规定。

在法理学中，"应当"是法律义务的逻辑语言表述，"可以"是法律权利的逻辑语言表述。同时，"应当"意味着法定，不允许裁定或意定；而"可以"则允许自由裁量，因而也允许选择。具体到少数民族聚居的乡镇人大等国家权力机关时，"应当"则是其法定职责的体现，而"可以"则是其法定职权的体现。可以说，职责和职权是国家权力的一体两面，是对"权责相统一原则"的不同强调。此次立法修改将立法表述由"应当"到"可以"的转变，意味着对少数民族聚居乡镇人大之法定职权的强调，在一定程度上有淡化法定职责的考虑。同时，这一立法表述也是"在一体之下实现多元、多强调共同少突出差异"之民族政策重大转变的体现。

另外，"法无授权即违法"，权力行使还必须"依照法律规定的权限"和考虑"适合民族特点"进行。在现代汉语中，"权限"一词，是指职权范围。❷在法律语境下，权限是权力行使的最大范围，不能突破和超越，否则就会违法。法治思维中最主要的思维是底线思维和边界思维。在底线

---

❶ 王晨.关于《中华人民共和国地方各级人民代表大会和地方各级人民政府组织法（修正草案）》的说明——2022 年 3 月 5 日在第十三届全国人民代表大会第五次会议上 [Z].中华人民共和国全国人民代表大会常务委员会公报，2022（2）：287-295.

❷ 中国社会科学院语言研究所词典编辑室.现代汉语词典 [M].7 版.北京：商务印书馆，2017.

之上和边界之内，可以自由裁量。一旦突破底线、超越限度，无论何种理由都是法治所不允许的。这也是法律相对合理主义的基本要义。而"适合民族特点"，首先是适合中华民族共同体特点，即有利于铸牢中华民族共同体意识和促进各民族广泛交往交流交融；其次是适合少数民族自身特点，即作为少数民族所具有的共同特点；最后才是适合特定民族自身特点。在此，基于体系解释之考量，"适合民族特点"应当是适合实质平等之弱势保护的，是有利于铸牢中华民族共同体意识和促进民族交往交流交融社会文化方面的民族特点。简言之，"适合民族特点"应当是从中华民族整体特点到少数民族群体特点再到特定少数民族特定的阶层结构。

就具体措施而言，地方人大、地方政府通过制定民族自治条例、单行条例等地方性法规，甚至可以由地方省级司法机关制定司法规范性文件进行规范化——明确法律概念、规定法律原则、制定法律规则。例如，将有利于铸牢中华民族共同体意识和促进各民族广泛交往交流交融确立为重要的法律原则。不过需要强调的是，风俗习惯只能是地方性常识的描述，而不能创设和扩大司法适用的地域范围。另外，少数民族因素的考量一定是民族区域自治基础上的"少数民族"。

## 六、结语

立法修改语言表述的变化蕴含着深刻的法理意义。《地方组织法》关于铸牢中华民族共同体意识方面的内容修改既有法律语言本身的意义，又有法律逻辑上的意义，还有法学理论层面的意义，更有法律政策层面的意义。其一，《地方组织法》确立了铸牢中华民族共同体意识的"入法"模式。相比较而言，在现有法律修改的过程中，融入相关内容比制定单行的专门立法更为可取。一方面，法典化是我国新时代立法的基本趋势；另一方面，修法融合更容易让铸牢中华民族共同体意识融入实践。其二，《地方组织法》明确了铸牢中华民族共同体意识的法治要素。在法律关系主体中，地方人大和地方政府是保障义务主体，少数民族是权利主体。在法律关系内容方面，少数民族权利和地方组织法定职责是核心内容。在法律渊源层面，风俗习惯是重要的法律渊源。另外，在法律规定内容上，《地方组织法》重点关注民族政策、民族权利、风俗习惯及具体措施四个方面的内容。可以说，《地方组织法》树立了铸牢中华民族共同体意识法治化的典范，使其不再是抽象的民族理论和政策，而成为具体实践的法律规范。正是在这个意义上，《地方组织法》的修改在铸牢中华民族共同体意识法治化的进程中迈出了关键的一步，因而具有里程碑式的划时代意义。当然，我们还应当通过法律解释或其他法律的规定对其进一步说明，也需要通过法律实施将其落实在具体个案中，进而成为法律实务处理个案的重要考量因素。另外，少数民族权利和风俗习惯自由的法律保障是基于民族政策的特殊规定。而特殊的考量必须明确且有所限定，不宜过分扩张解释，否则容易滋生新的不正义。在法律概念层面，必须明确少数民族的权利和风俗习惯的理论内容。一方面，需要明确少数民族权利和风俗习惯的概念内涵，确立评价标准；另一方面，要将少数民族权利和风俗习惯的概念外延类型化，明确其肯定类型（典型类型）、中间类型和否定类型。例如，少数民族权利要受到普通权利理论的制约，风俗习惯要融入中华民族的共同文化。其实，无论是民族政策还是民族权利，抑或风俗习惯的规范表达都是为了使其成为解决具体纠纷的判断标准，进而成为具体的法律规则，至少成为法律原则。就依法治理民族事务而言，民族平等、民族团结、民族区域自治、民族交往交流交融、各民族共同繁荣发展是重要的民族理论与民族政策，因而也是铸牢中华民族共同体意识的重要法治要素。概而言之，《地方组织法》充实铸牢中华民族共同体意识的法理意义在于以"民族政策—民族权利—民族习惯—民族措施"为逻辑进路推进铸牢中华民族共同体意识在法治地位、法治内容、法治思维及法治方式方面的具体化，赋予了铸牢中华民族共同体意识新的法治内涵，进而使其成为重要的法治力量。

第二章　各民族共同现代化的法治保障

# 第一节　民族地区农村集体经济发展与铸牢中华民族共同体意识 *

## 一、作为铸牢中华民族共同体意识实践路径的民族地区农村集体经济发展

2021 年中央民族工作会议强调："以铸牢中华民族共同体意识为主线推动新时代党的民族工作高质量发展"，"要推动各民族共同走向社会主义现代化"，"要正确把握物质和精神的关系"。❶ 全面建设社会主义现代化国家是 56 个民族作为一个整体共同进步的现代化，是 56 个民族共同富裕的现代化，要在推进各民族共同现代化中夯实铸牢中华民族共同体意识的经济基础。同时，民族地区农村发展事关各民族共同现代化和铸牢中华民族共同体意识主线工作的推进，是民族工作高质量发展无法忽视的领域。

而在民族地区农村，农村集体经济对于实现民族地区农村的高质量发展具有重要意义。一方面，农村集体经济制度是我国《宪法》规定的基本经济制度，劳动群众集体所有制是我国社会主义公有制经济制度的重要组成部分，劳动群众集体所有制在农村的经济形式主要是农村集体经济，村集体利用土地资源等生产资料发展起来的集体经济，在民族地区农村经济结构中处于主要地位；农村集体经济的发展水平，直接影响着民族地区农村的高质量发展进程。另一方面，为进一步规范农村集体经济运行，壮大

　　* 基金项目：2022 年国家人权教育与培训基地重大项目"中国少数民族权利保护的理论逻辑、实践特点与世界意义"（22JJD820046）；中宣部宣传思想文化青年英才支持计划项目"社会主义与统一多民族国家的国家建设"。

　　❶ 习近平在中央民族工作会议上强调 以铸牢中华民族共同体意识为主线 推动新时代党的民族工作高质量发展 [J]. 中国民族，2021（8）：4，6.

农村集体经济,更好地发挥农村集体经济在各民族共同富裕中的支撑作用,正在制定的"中华人民共和国农村集体经济组织法"等农村集体经济法规体系的进一步完善,也凸显着农村集体经济在各民族共同现代化事业中不可或缺的地位。实践中民族地区农村集体经济模式的各种改革创新,无论是农村集体经济组织出资独立设立公司,还是参与设立公司、农民专业合作社等方式;❶都有助于巩固农村集体经济支柱性地位,通过具有"社会主义"意涵的农村集体经济制度构想,缩小城乡发展差距、区域发展差距。

所以,鉴于民族地区农村、农村人口仍然在民族地区占有重要份额,鉴于民族地区农村在我国民族地区稳定发展中的重要性,鉴于民族地区农村集体经济在我国民族地区农村经济体系和发展格局中的角色承担,我们讨论铸牢中华民族共同体意识,讨论推动各民族共同实现社会主义现代化,显然不能忽视民族地区农村集体经济的发展。通过对国内铸牢中华民族共同体意识相关研究的梳理,本节拟通过研究民族地区农村集体经济发展与铸牢中华民族共同体意识这一相对具体的主题,凸显铸牢中华民族共同体意识面向具体制度、面向基层实践、夯实经济基础的维度。

讨论铸牢中华民族共同体意识的实践路径,"构筑中华民族共有精神家园""推动各民族共同走向社会主义现代化""促进各民族交往交流交融"等是重要内容。❷本节拟从民族地区农村集体经济发展有助于夯实铸

---

❶ 比如当前正广泛实践的"村党支部领办合作社"集体经济发展模式,合作社成员股份一般由村集体股、村民股、管理人员股与其他人员股构成,实践中对村集体持股最低比例和入社群众持股最高比例分别进行了限定,也是出于确保集体经济组织收益和避免村集体内贫富差距过大的考虑,这对于进一步完善农村集体经营制度,实现各民族共同富裕有重要作用。如在高密市胶莱河畔槐家生态农业专业合作社的出资构成中,村集体出资占比 42%,持股比例最高。参见王勇.村党支部领办合作社:理论探索和实践分析 [J].农村经济,2021(6):100.再如兰陵县发布文件阐明"村集体和入社群众持股总和不少于 50%,单个成员持股比例不超过 20%"。参见兰陵县人民政府.关于村党支部领办合作社,你需要了解这些! [EB/OL].[2023-02-20].http://www.lanling.gov.cn/info/1641/63042.htm.

❷ 习近平在中央民族工作会议上强调 以铸牢中华民族共同体意识为主线 推动新时代党的民族工作高质量发展 [J].中国民族,2021(8):6.

牢中华民族共同体意识的经济基础、农村集体经济组织可以作为促进各民族交往交流交融的场域、农村集体经济发展中形成的集体记忆是构筑中华民族共有精神家园的重要途径三个方面展开讨论。上述三个方面遵循着铸牢中华民族共同体意识的内在构建逻辑，即巩固物质基础—落实"三交"载体—形塑共有精神家园基点：农村集体经济在巩固物质基础中促进各民族交往交流交融，而在各民族交往交流交融的历史进程中形成的集体记忆是各民族构筑共有精神家园的重要途径，经各民族共有精神家园产生的凝聚力则反过来夯实物质基础，三者在农村集体经济的作用下向前循环推进，最终促进各民族共同富裕、共同现代化。

## 二、农村集体经济发展为铸牢中华民族共同体意识夯实经济基础

铸牢中华民族共同体意识需要正确把握物质和精神的关系，"物质问题'管肚子'，精神问题'管脑子'"❶，在坚实的物质技术基础上铸牢中华民族共同体意识，是构建中华民族共同体的应有之义。而民族地区农村无论是脱贫攻坚成果巩固与乡村振兴的有效衔接，还是对共同富裕、共同现代化理念的落实，抑或增强各族群众的获得感、幸福感、安全感，都需要以农村集体产权制度为依托，发展壮大农村集体经济，夯实铸牢中华民族共同体意识的经济基础。

### （一）民族地区农村脱贫攻坚成果巩固与乡村振兴衔接需要通过发展壮大农村集体经济进行

受历史文化、自然地理等条件限制，民族地区经济发展水平相对滞后，同时"民族地区、边境地区也是贫困人口的主要集聚区"❷，所以民族地区一直以来被列为我国农村扶贫开发的重点地区。进一步巩固拓展民族

<hr>

❶　尤权.做好新时代党的民族工作的科学指引——学习贯彻习近平总书记在中央民族工作会议上的重要讲话精神 [J].求是，2021，（21）：48.

❷　刘彦随，周扬，刘继来.中国农村贫困化地域分异特征及其精准扶贫策略 [J].中国科学院院刊，2016（3）：272.

地区脱贫攻坚成果乡村振兴有效衔接的关键在于提高民族地区农村自我发展能力和提升民族地区农村民生发展水平❶，而农村集体经济的自主性和经济性是提升民族地区农村自我发展能力、改善民族地区农村民生福祉的关键。

1. 农村集体经济的自主性，有助于提高民族地区农村自我发展能力

提高民族地区农村自我发展能力是实现民族地区农村扶贫工作从"输血式"扶贫向"造血式"扶贫转变及实现巩固拓展脱贫攻坚成果同乡村振兴有效衔接的必然要求。增强脱贫地区和脱贫群众内生发展动力仍然需要从民族地区农村自身入手，在农村的自我主导下，充分利用现有资源条件，将分散的农民组织起来。

而农村的自我主导集中体现于农村集体经济的自主性之上。当前，农村集体经济制度的发展方向是通过农村集体产权改革，巩固社会主义公有制、完善农村基本经营制度，盘活农村集体资产，"形成既体现集体优越性又调动个人积极性的农村集体经济运行新机制"❷。即农村集体经济既要盘活农村集体资产，又要主动引领各族群众共同参与农村集体经济发展，由此体现出农村集体经济的自主性与乡村振兴自我驱动力之间的紧密关联。❸

---

❶ 2020 年 12 月 16 日，中共中央、国务院发布《关于实现巩固拓展脱贫攻坚成果同乡村振兴有效衔接的意见》，对巩固拓展脱贫攻坚成果同乡村振兴有效衔接的重点工作进行了安排。"支持脱贫地区乡村特色产业发展壮大""促进脱贫人口稳定就业""持续改善脱贫地区基础设施条件""进一步提升脱贫地区公共服务水平"，四项重点工作的核心就在于提高民族地区自我发展能力和提升民族地区农村民生发展水平。参见中共中央、国务院关于实现巩固拓展脱贫攻坚成果同乡村振兴有效衔接的意见 [N]. 人民日报，2021-03-23.

❷ 中共中央、国务院关于稳步推进农村集体产权制度改革的意见 [N]. 人民日报，2016-12-30.

❸ 新华网. 数说宝"藏"·70 年巨变 | 19.5 万名! 西藏农牧民党员成为乡村发展的"主心骨" [EB/OL].（2021-06-03）[2023-05-15]. http：//m.xinhuanet.com/2021-06/03/c_1127527283.htm.

作为一种公益性强且独立自主的经济主体，农村集体经济组织除了能够高效管理农村既有集体资产、增加农民财产收益，组织各民族群众共同奋斗、实现共同富裕的重要使命；还有条件、有责任承接各级政府在乡村振兴中下拨的公共资源，❶对接各地企业在与民族地区的对口帮扶中输送的资源。通过农村集体经济组织自主统筹经营管理外部获得资源，一方面可以避免外来资源分配不均、滋生腐败等现象发生；另一方面可以逐步积累集体资产，破解民族地区农村经营性资产薄弱的困境。因此，农村集体经济的自主性既是将分散的农民重新组织起来的重要形式，也是对集体资产进行价值变现和价值提升的重要保障，是提高民族地区农村自我发展能力的关键。

2. 农村集体经济的经济性，有助于改善民族地区农村民生福祉

民族地区农村脱贫攻坚成果巩固与乡村振兴的有效衔接除了要提高民族地区农村自我发展能力，还须通过农村集体经济的发展，改善民族地区农村民生福祉。"在当前公共财政还难以全面覆盖农村的情况下，农村集体经济是支持农村公共事务和公益事业发展的有益补充。"❷ 这主要依赖于农村集体经济的重要属性——经济性，农村集体经济组织通过设立公司或参与设立公司、合作社的形式发展集体经济，建立乡村特色产业、支柱产业，在此过程中将带动就业岗位的增加，无形中促进脱贫人口稳定就业，可解决农村剩余劳动力问题。❸

伴随着农村集体经济的壮大，农村集体经济的经济属性和社会主义属性进一步彰显，"集体经营性收入的很大部分是用于农村集体的基础设施

---

❶ 为巩固拓展脱贫攻坚成果，增强脱贫地区和脱贫群众内生发展动力，2023 中央一号文件提出，"中央财政衔接推进乡村振兴补助资金用于产业发展的比重力争提高到 60% 以上，重点支持补上技术、设施、营销等短板"。参见中共中央、国务院关于做好二〇二三年全面推进乡村振兴重点工作的意见 [N].人民日报，2023-02-14.

❷ 十三届全国人大常委会第三十七次会议审议多部法律草案 [N].人民日报，2022-10-28.

❸ 新疆于田阿热勒乡夏玛勒巴格村：合作社点亮致富梦 [EB/OL].（2023-02-08）[2023-05-15].https：//wap.peopleapp.com/article/6999510/6856647.

建设、公益事业发展、公共服务的投入等，形成了村民的福利"❶，也让农村集体经济发展带来的红利公平地惠及民族地区农村各民族群众。因此，农村集体经济在发展中不断优化经济结构，可以缓解民族地区农村社会变迁中带来的衍生问题；通过提升集体经济实力，可以改善民族地区农村民生福祉。

**（二）农村集体经济是民族地区农村共同富裕、共同现代化理念贯彻落实的机制**

1. 共同富裕和共同现代化理念的贯彻落实都需要机制

党的二十大报告指出，新时代新征程中国共产党的中心任务就是"团结带领各族人民全面建成社会主义现代化强国，实现第二个百年奋斗目标，以中国式现代化全面推进中华民族伟大复兴"❷。而中国式现代化的本质要求是实现全体人民共同富裕，即在中华民族伟大复兴的道路上，在推进各民族共同走向社会主义现代化、共同富裕进程中，一个民族也不能少。但全面建设社会主义现代化国家、促进共同富裕，最艰巨、最繁重的任务仍然在农村，民族地区农村更为甚之。因此，共同富裕和共同现代化理念的贯彻落实需要具体可操作的实践机制来解决民族地区的经济发展问题。

2. 在民族地区农村，农村集体经济是实现共同富裕、共同现代化最适合的机制

推进各民族共同富裕、共同现代化的切入点和发力点在于完善分配机制和解决发展不平衡不充分问题。习近平总书记强调，要"坚持农村土地集体所有制性质，发展新型集体经济，走共同富裕道路"❸，农村集体经济

---

❶ 陈锡文.充分发挥农村集体经济组织在共同富裕中的作用 [J].农业经济问题，2022（5）：8.

❷ 习近平.高举中国特色社会主义伟大旗帜 为全面建设社会主义现代化国家而奋斗：在中国共产党第二十次全国代表大会上的报告 [M].北京：人民出版社，2022：21.

❸ 习近平.把乡村振兴战略作为新时代"三农"工作总抓手 [J].求是，2019（11）：9.

制度的社会主义性质使其成为民族地区共同富裕、共同现代化最适合的实现机制。

从宪制的维度来看，农村集体所有制是我国社会主义公有制经济制度的重要组成部分，集体经济是农村公有制经济的主要形式，构成了农村经济结构的主要部分，因此"集体经济是农民共同富裕的根基，是农民走共同富裕道路的物质保障"❶。农村集体经济具有独立自主权的技术架构是农村集体经济有效运行的核心，也是村庄共同体具备一定再分配能力的关键。在"八二宪法"制定时，通过宪法确定了集体经济的自主权，一方面，可以避免集体经济受到基层组织的干预；❷更为重要的是，尊重集体经济的独立自主权可以实现集体积累和收益分配，作为集体经济组织成员的各族群众对集体经济的经营性收益享有集体收益分配权，对集体经济组织所提留的公积公益金用于发展的公共服务有共享的权利。正是通过这种社会主义、独立自主权的宪制安排，让农村集体经济可以调节贫富两极分化，成为蕴含正义的利益分配机制。

从具体实践来看，农村集体经济发展有助于改变农村经济发展滞后的现状，缩短区域间不平衡不充分发展带来的贫富差距问题。❸当前，广泛开展的壮大农村集体经济实践表明农村集体经济自身稳健充分的发展，为逐步缩短城乡差距、区域差距提供了可能。所以在民族地区农村，农村集体经济是实现各族人民共同富裕、推动各民族实现社会主义现代化的核心技术性经济体制。

---

❶　习近平 . 摆脱贫困 [M]. 福州：福建人民出版社，1992：193.

❷　许崇德 . 中华人民共和国宪法史：下卷 [M]. 福州：福建人民出版社，2005：426.

❸　以巴音宝力格镇乌兰嘎查股份经济合作社为例，通过探索构建集约化、专业化、组织化、社会化相结合的新型农牧业经营体系，不断深化农企利益联结机制，壮大嘎查村集体经济，促进了农牧民共同增收。农村集体经济有助于提高民族地区农村经济发展水平，带动各族群众共同致富。中共乌拉特后旗委员会 . 乌兰嘎查举行农企利益联结现场分红大会 [EB/OL] .（2022-09-23）[2023-02-22]. http：//bynrsw.gov.cn/sites/hq/gkdetail.jsp？id=107169.

### （三）民族地区农村集体经济的发展壮大有助于增强各族群众的获得感、幸福感、安全感，进而增强"五个认同"

习近平总书记在 2021 年中央民族工作会议上指出："要正确把握物质和精神的关系，要赋予所有改革发展以彰显中华民族共同体意识的意义，以维护统一、反对分裂的意义，以改善民生、凝聚人心的意义，让中华民族共同体牢不可破。"❶ 民族地区农村集体经济发展与铸牢中华民族共同体意识之间是物质与精神关系的具象，通过民族地区农村集体经济发展为铸牢中华民族共同体意识提供必要的物质基础，赋予农村集体经济发展以彰显中华民族共同体意识的意义。

具体而言，要让民族地区各族群众在农村集体经济发展中，"像石榴籽一样紧紧抱在一起"，共同团结、共同繁荣、共享发展成果。首先，农村集体经济可以调动各族群众参与农村集体经济发展的积极性，帮助农民就近就业，使各族人民团结一致谋发展；其次，农村集体经济能够整合资源要素，发展农村特色产业，提高民族地区农村自我发展能力，进而带动农民增收，实现各族人民共同繁荣；最后，在利用农村集体经济实现集体资产积累的基础上，村集体利用公积公益金提高农村自我公共服务水平，如完善公共基础设施建设，建立以农村集体经济为补充的多元化农村养老保障服务体系，扶助家庭困难学生发放教育补贴，为村民医疗提供补助，满足公共文化生活需求等，让各族人民共享发展成果❷，让民族地区农村各族群众在团结发展中、在高水平民生福祉中感受社会公平正义，增强各族群众的获得感、幸福感、安全感，进而增强"五个认同"。

---

❶ 习近平在中央民族工作会议上强调 以铸牢中华民族共同体意识为主线 推动新时代党的民族工作高质量发展 [J]. 中国民族，2021（8）：6.

❷ 参见锡林郭勒盟政府信息公开网. 锡林郭勒盟率先启动城乡居民基本养老保险嘎查村集体经济组织补助试点工作［EB/OL］.（2023–05–12）［2023–05–15］. http：//www.xlgl.gov.cn/xmxxgk/xsbgt/xxgkml/202305/t20230512_2987986.html.

### 三、农村集体经济组织是促进各民族交往交流交融的场域

促进各民族交往交流交融是铸牢中华民族共同体意识的重要方式，通过各民族交往交流交融，"强化族际纽带"❶，深化平等团结互助和谐的社会主义民族关系，为推动各民族共同走向社会主义现代化提供坚实的社会基础。而促进各民族交往交流交融需要"营造环境氛围，逐步实现各民族在空间、文化、经济、社会、心理等方面的全方位嵌入"❷。在夯实铸牢中华民族共同体意识经济基础的过程中，农村集体经济组织具有的稳定性、组织性、经济性，以及统一大市场的开放性，使其在无形中发展为促进各民族交往交流交融的具体场域。各民族交往交流交融既包含一定区域内民族群众间进一步的交往交流交融，也包括"大流动、大融居"下的国家疆域内民族间广泛的交往交流交融。

#### （一）农村集体经济组织是集体经济组织内部互嵌的重要场域

在民族地区农村，农村集体经济组织既是集体经济组织成员生产生活的组织形式，也是集体经济组织成员之间相互交往交流交融的场域。农村集体经济组织的稳定性为村民营造了相对固定的生存环境，而稳定的环境有利于人与人之间互动、建立联系，这为集体经济组织形成内部互嵌奠定了基础。同时，农村集体经济组织具有"统"的功能，可将集体经济组织管理的资源和分散的村民重新组织起来，重塑村庄共同体，从而促进村民深入互动交流，因此，农村集体经济组织的组织性有助于集体经济组织内部互嵌结构的形成。

1. 农村集体经济组织的稳定性为集体经济组织形成内部互嵌奠定了基础

长期以来，农村地区通过确认农村集体经济组织成员身份的方式划定

---

❶ 郝亚明.各民族交往交流交融：淡化族际差异抑或强化族际纽带？[J].中央民族大学学报（哲学社会科学版），2021，48（3）：56.

❷ 习近平在中央民族工作会议上强调 以铸牢中华民族共同体意识为主线 推动新时代党的民族工作高质量发展[J].中国民族，2021（8）：6.

农民所属的村集体，农民在农村集体经济组织的引领下，在村庄内开展生产生活，形成了相对稳定的农村社会结构。受地理环境、历史文化等因素影响，这种现象在民族地区农村尤为凸显。同时，这种相对稳定的公共空间"充任着承载定位功能、链接情感指向、诠释认知内涵的工具性媒介"❶，为村集体内各民族群众的交往交流交融提供了场域，催生了熟人社会，也由此形成了紧密的村庄共同体。在民族地区农村的人口构成中，多民族杂居是民族地区农村的普遍样态，所以在这种稳定的环境中塑造了村庄的整体性，建立起包含资源共享、利益联结、共有价值的村集体，也为场域内各民族互嵌结构的形成提供了条件。

2. 农村集体经济组织的组织性有助于集体经济组织内部互嵌结构的形成

随着市场经济的进一步发展，民族地区农村经济需要面对市场经济下的激烈竞争，乡镇级集体经济组织、村级集体经济组织、组级集体经济组织等多元化的农村集体经济组织相继生成，不同层级的农村集体经济组织所掌握的资源多寡与农村集体经济的发展程度、参与市场经济竞争力密切关联，具有行动理性。与此同时，不同层级的农村集体经济组织的建立也意味着农村集体经济组织可以调动的资源、组织群众的范围也相应地发生了变化，打破了固有的村庄共同体模式，各民族群众在文化碰撞、价值冲突、利益关联中找寻新的平衡，重塑村庄共同体。这是农村集体经济"统分结合双层经营体制"中"统"所折射出的组织功能，并成为促进民族地区农村纵深交往交流交融的关键。一是促进区域内经济互嵌。在农村集体经济发展的过程中，在农村集体经济的组织作用下，利用共享收益的利益连接机制，可以将农村集体经济组织内分散独立的各民族群众重新组织起来，为实现共同富裕而共同奋斗，优化经济互嵌结构，打造韧性集体经济，深化区域内各族群众交往交流交融。二是促进心理互嵌。农村集体经济的高质量发展从提高各民族群众收入水平、改善民生福

---

❶ 刘春呈.铸牢中华民族共同体意识视域下的公共空间再造 [J].新疆大学学报（哲学·人文社会科学版），2022（2）：71.

祉、丰富文化生活、加强固边兴边工作等多个维度推动各民族繁荣发展，不断提升各民族群众的获得感、幸福感、安全感，让各族群众从心理层面感知到深化各民族间的相互认同、各民族团结一致共同奋斗美好生活的重要性。

**（二）农村集体经济组织是国家疆域内各民族群众广泛互嵌的场域**

农村集体经济组织不仅要在既有社会经济条件下推动各民族开展一定区域内的交往交流交融实践，还应主动融入国家经济形势的发展变迁脉络中。具有经济职能的农村集体经济组织需要自发地将经济活动的范围扩至整个国内市场，紧跟"统一大市场"的发展趋势，并在引领生产要素双向流动中，成为国家疆域内各民族群众广泛互嵌的场域。

1. 农村集体经济组织的经济性为各民族群众获得更广泛的互嵌创造条件

农村集体经济组织所具有的社会主义属性赋予了其特别的经济职能，即在农村集体经济组织的有序运行下实现农村集体资产的积累和升值，带领农村集体经济组织成员实现共同富裕。作为市场经济的参与主体之一，农村集体经济组织面向的是整个国内、国际市场，尤其是在国内市场中，农村集体经济组织参与市场经济活动并引领民族地区的农村劳动力、特色产品、文化资源等要素与国家疆域内其他地区内生产要素双向流动，无形间成为各民族群众获得更广泛的交往交流交融的场域，从而涉及各民族群众更广泛的经济、文化、社会的互嵌活动。

一是形成更为广泛的经济互嵌。在乡村振兴战略背景下，在我国对边疆民族地区一以贯之的民族政策支持下，外部资源的输入将会持续增加，企业参股、村企联建等形式为外部资本的注入带来契机，也为农村集体经济的发展空间不断扩容，有助于帮助民族地区农村延长产业链，建设现代流通网络，有利于各民族实现兼具广度和深度的经济互嵌。二是实现文化互嵌。"促进民族交融不仅是物质层面的接触与互动，也不是一个民族的文化系统被另外一个文化体系所代替的民族融合、同化，而是文化变迁与多民族社会结构之间如何建构新的共性文化的问题。"❶伴随着经济交往关系的不断深化，在中华民族多元一体的格局下，跨区域的各民族间的文化交流更加频繁，本民族对于异质文化处于了解、碰撞、交流、借鉴的动态交流过程中，并自发形成对本民族传统文化的扬弃，有效传承优秀民族传统文化❷，逐步提炼出各民族共享的中华文化符号和中华民族形象。三是实现社会互嵌。壮大农村集体经济具有多重社会意义，如为当地各民族群众带来就业机会，进一步保障各民族群众的平等就业权，在振兴乡村的同时贯彻治国必治边的战略思想；民族地区农村在立足自身资源禀赋的基础上发展农村集体经济，能够营造良好的营商环境，吸引"新村民"到民族地区创业、就业，为农村集体经济带来新的知识、理念、技术、运营经验，在新老村民"共建、共享、共富"中推进乡村振兴、民族地区农村现代化。❸

2. 统一大市场的开放性促进各民族群众开展广泛的互嵌行动

按照国家关于加快完善国内统一大市场和构建新发展格局的要求，需要促进商品要素资源在更大的范围内畅通流动。在市场经济活动中，统一大市场范畴下生产要素的畅通流动，"从微观到宏观层面贯穿于生产、分配、流通、消费的整个环节；在空间上，也同样呈现出由局部再到全国的发展过程"❹。这也意味着统一大市场的建设具有"开放性"的本质性规定，对于欠发达的民族地区农村而言，作为市场经济参与主体之一的农村集体经济组织需要主动应对建设全国统一大市场、跨区域发展等经济环境

❶ 李玉雄，许廷云.新时代各民族交往交流交融的现实境遇和突破路径 [J].云南师范大学学报（哲学社会科学版），2022，54（5）：100.

❷ 李玉雄，许廷云.新时代各民族交往交流交融的现实境遇和突破路径 [J].云南师范大学学报（哲学社会科学版），2022，54（5）：103.

❸ 央视网."新老村民"携手谱写田园牧歌，《山水间的家》走进新时代"桃花源"[EB/OL].（2022-12-23）[2023-02-28]. https://tv.cctv.com/2022/12/23/ARTIoWSkPO Da9IC8GXR3j2AH221223.shtml.

❹ 谭皓方，张守夫.构建全国统一大市场的三重逻辑——基于社会主义市场经济改革发展的历史考察 [J].经济问题，2023（3）：7.

的发展和变革，因此除了探索如何在一定区域内实现农村集体经济的发展壮大，还需要面向全省乃至全国的大市场，在融入新的发展格局中加速劳动力等生产要素的流动，加速区域间的互补、联合，同时也在建设全国统一大市场中缩小区域发展差距、扩大市场规模，加速城乡融合发展，促进资本下乡、各民族跨区域流动互嵌，使各民族间交往交流交融不断横向延展。

### 四、农村集体经济发展中形成的集体记忆是"构筑中华民族共有精神家园"的重要路径

习近平总书记在中央民族工作会议上强调，"必须构筑中华民族共有精神家园，使各民族人心归聚、精神相依，形成人心凝聚、团结奋进的强大精神纽带"❶。全面建设社会主义现代化国家，实现中华民族伟大复兴，需要强大的凝聚力引领各族人民共同奋进，而强大的凝聚力产生于中华民族共有精神家园之中。"中华民族共有精神家园的建设实质上就是文化建设，是对中华民族优秀文化传统、符合社会主义核心价值体系的文化的一种强化与升华，以期为全体中国人提供一种认同的力量和文化支撑。"❷ 而通过强化与升华形成的各民族共有的中华文化是在各民族长期交往交流交融中形成集体记忆的基础上抽象、提炼而来。

集体记忆又称"共同记忆"，其核心特征是各民族共同建构、共同享有、共同传承，"共同记忆是集体维系的重要心理纽带"❸，是构筑中华民族共有精神家园的重要路径。但当我们从"构筑中华民族共有精神家园"的

---

❶ 习近平在中央民族工作会议上强调 以铸牢中华民族共同体意识为主线 推动新时代党的民族工作高质量发展 [J]. 中国民族，2021（8）：5.

❷ 郝亚明. 少数民族文化与中华民族共有精神家园建设 [J]. 广西民族研究，2009（1）：3.

❸ 李静. 共同的记忆：铸牢中华民族共同体意识的心理途径之四 [J]. 中国民族教育，2020（12）：22.

视角来审视共同记忆时，容易忽略共同记忆的动态"构建"过程❶。共同记忆并非专指已经发生的集体记忆，而是兼具历史性、时代性、可塑造性。如何通过对各民族共同历史记忆的挖掘和对现在及未来集体记忆的塑造来构建各民族共有的精神家园成为重要的实践命题。

集体记忆的发生和承载需要一定的机制或纽带，农村集体经济以其公有制的社会主义政治传统、践行各民族共同繁荣发展的使命、实现各民族共同现代化共同富裕的目标追求，为各民族共同创造历史记忆和形塑当前及未来集体记忆提供了载体。

**（一）作为社会主义政治传统的公有制，是各民族共同创造的历史记忆**

农村集体经济制度的确立是各民族共同实践的。农村集体经济制度"经历了土地改革、合作化、人民公社化直至改革开放等各个历史时期，直到现在仍在继续改革、完善"❷。各民族通过集体经济形式，成功实现低成本、较公平地从农村积累剩余，支持国家工业化发展，稳定了城乡市场，同时有效地避免了周而复始的土地兼并和两极分化现象。❸因此，农村集体经济制度作为社会主义政治传统的公有制，创造了各民族共有的历史记忆。

一方面，农村集体经济制度的发展、确立和完善离不开各民族的共同参与，甚至可以说农村集体经济制度是各民族患难与共，与国家改革发展紧密连接的见证；另一方面，将农村集体经济制度确立为我国公有制经济

---

❶　如有学者从历史的维度出发，指出中华民族共同历史记忆为构筑中华民族共有精神家园奠定了深厚的基础，构筑中华民族共有精神家园需要从共有历史记忆中汲取精神养分，内化为中华民族凝聚力、向心力、认同力，因此我们要守护、传承、阐释和弘扬共有历史记忆。参见李建军，李宗赫.以共同历史记忆构筑中华民族共有精神家园[J/OL].[2023-03-02].民族学刊：1-8. http://kns.cnki.net/kcms/detail/51.1731.C. 2022 1028.1027.010.html.

❷　陈锡文.充分发挥农村集体经济组织在共同富裕中的作用[J].农业经济问题，2022（5）：6-7.

❸　江宇.大国新路：中国道路的历史和未来[M].北京：中信出版社，2019：79-81.

制度的重要组成部分是各民族的共同选择。除此之外，农村集体经济作为社会主义政治传统的公有制，这种"社会主义，为中国各族人民提供了深具道德感召力和共同使命感的制度愿景，构成了中国各族人民认同统一的多民族国家的政治心理基础"❶。因此，农村集体经济制度在各民族共同参与、共同选择，并作为共同的政治心理基础的实践中，创造了各民族共有的历史记忆，也让具有中国特色的农村集体经济制度成为各民族共享的中华文化符号。

**（二）发展农村集体经济实现共同繁荣，是各民族正在共同形塑的集体记忆**

正如前文所述，民族地区农村的高质量发展和各民族共同富裕离不开农村集体经济助力，同时在农村集体经济的发展过程中，对各民族集体记忆进行创造。一方面，农村集体经济的发展壮大有助于优化农村集体经济结构，解决农村剩余劳动力就业问题，也为"新村民"到来、闲置资本注入、技术下乡提供平台；同时，农村集体经济成为整合资本、人力、技术的重要载体，也是对各民族交往交流交融的具体构造。

另一方面，农村集体经济的发展有助于提高公共服务均等化水平，提高农村集体经济发展各参与主体的收入，尤其是保障民族地区农村集体经济组织成员的收益，实现各民族共同繁荣。因此，通过民族地区农村集体经济发展形成新的共同生活社会秩序、重塑利益共同体、深化各民族文化认同、促进各民族情感共通共融，是各民族共同形塑的集体记忆。值得注意的是，以农村集体经济为依托创造的集体记忆是区域的集体记忆，但是"诸多区域的集体记忆，构成了现代中国的共同记忆"❷，而"共同体记忆构成了铸牢中华民族共同体意识的重要基点"❸。

---

❶ 常安．社会主义与统一多民族国家的国家建设（1947—1965）[J]．开放时代，2020（1）：121.

❷ 麻国庆．记忆的多层性与中华民族共同体认同 [J]．民族研究，2017，230（6）：51.

❸ 李静，王琦．中华民族共同体记忆及其记忆保持研究 [J]．中华民族共同体研究，2022（4）：51.

**（三）农村集体经济追求的共同现代化、共同富裕，是各民族对共同性的强调**

构筑中华民族共有精神家园的核心逻辑在于强调共同性，作为社会主义政治传统的公有制，是各民族共同创造的历史记忆；发展农村集体经济实现共同繁荣，是各民族正在形塑的集体记忆；而对各民族未来集体记忆的塑造需要通过各民族共同的制度愿景或共同的发展目标对这种共同性进行持续的强化。农村集体经济所承载的价值目标即共同现代化、共同富裕，正是各民族对共同性的强调。

农村集体经济的社会主义属性决定了其追求的价值目标是共同现代化、共同富裕。这主要源于共同富裕是中国特色社会主义的本质要求。在不同历史时期，虽然党和国家领导人在引领我国进行社会主义建设中话语表达不同，但是始终坚持社会主义就是使全国各族人民共同富裕的基本原则。"八二宪法"中虽未明确出现"共同富裕"规范性表达方式，但从相关的表达中能追寻到共同富裕的理念，如"社会主义"在宪法中出现了50次之多，正是借助宪法的根本法的性质将"社会主义"消灭剥削、消除两极分化，最终实现共同富裕的根本属性予以固定。党的十八大以来，以习近平同志为核心的党中央把逐步实现全体人民共同富裕摆在更加重要的位置上。习近平总书记多次在讲话中明确提到全面建设社会主义现代化、实现小康、实现共同富裕"一个民族也不能少"❶，并在中央民族工作会议上强调"支持各民族发展经济、改善民生，实现共同发展、共同富裕"❷。党的二十大报告中更是明确指出："中国式现代化是全体人民共同富裕的现代化。共同富裕……是一个长期的历史过程。"这都表明共同现代化、共同富裕是社会主义的本质属性，也是各民族共同追求的价值目标，无论是过去抑或将来，在社会主义建设的道路上必须一以贯之。

---

❶ 汪晓东，李翔，王洲．共享民族复兴的伟大荣光［N］．人民日报，2021-08-25．
❷ 习近平在中央民族工作会议上强调 以铸牢中华民族共同体意识为主线 推动新时代党的民族工作高质量发展［J］．中国民族，2021（8）：5．

因此，具有社会主义属性的农村集体经济需要服务于各民族共同现代化、共同富裕的价值目标，通过农村集体经济强化各民族共有的理想目标，并形成对"共同性"的持续强调，从而构筑中华民族共有精神家园。

## 五、结语

铸牢中华民族共同体意识是新时代党的民族工作的主线。民族地区农村集体经济发展关乎民族地区农村高质量发展和各民族共同现代化推进，应向此聚焦。与此同时，民族地区农村集体经济发展亦是铸牢中华民族共同体意识的具体实践路径。民族地区农村集体经济发展有助于推进脱贫攻坚成果同乡村振兴有效衔接，是共同富裕、共同现代化理念落实的机制，能够增强各民族群众的获得感、幸福感、安全感，从而夯实铸牢中华民族共同体意识的经济基础；农村集体经济组织在实践中作为村集体内部和国家疆域内各民族群众广泛互嵌的具体的场域，促进着各民族深入交往交流交融；农村集体经济制度是作为社会主义政治传统的经济制度，其历史发展、现实进程、价值目标成为各民族共创历史集体记忆、形塑当前集体记忆、对共同性的强调，并以共有集体记忆的方式构筑各民族共有精神家园，夯实铸牢中华民族共同体意识的基点。

然而，民族地区农村集体经济的发展需要置于大流动和数字化的背景之下，并思考如何在大流动和数字化的背景之下实现有序发展，逐步壮大农村集体经济，发挥铸牢中华民族共同体意识的作用。

一方面，民族地区农村集体经济需要应对大流动带来的冲击。在城镇化、统一大市场的背景下，我们处于诸多生产要素加速流动的大流动社会❶，生产要素的流动推动着传统的"静态社会"向现代"流动社会"转变。大流动社会有助于市场经济的充分发展，但是也对民族地区乡村共同体的构建带来冲击。民族地区农村集体经济起步晚、集体资产薄弱、发展水平相对滞后，农村集体经济无法持续保障教育、医疗、养老等公共事业建设。

---

❶ 刘炳辉.超级郡县国家：人口大流动与治理现代化 [J].文化纵横，2018（2）：31.

　　另一方面，民族地区农村集体经济需要主动融入数字化经济新发展格局。随着大数据、物联网、人工智能、区块链等数字技术的发展，数字化"改变着我们的生活习惯、商业模式甚至组织管理方式"❶，也成为国家新发展阶段的新动能。继党的十九大报告提出建设数字中国后，党的二十大报告再次对"数字中国"战略进行了强调，并指出要"加快发展数字经济，促进数字经济和实体经济深度融合，打造具有国际竞争力的数字产业集群"❷。农村集体经济，作为民族地区农村经济结构中的主体部分，是推动数字乡村发展的重要内容。民族地区农村集体经济主动融入国家数字化经济新发展格局，也成为各民族共同现代化的重要内容。值得关注的是，数字化具有连接、共生、重组等特性，如何利用数字化优化农村社会经济结构、壮大农村集体经济、提升农村内生发展动力，缩小民族地区农村与其他地区农村的发展差距、强化"五个认同"，从而铸牢中华民族共同体意识是值得深入探讨的主题。

---

❶　常安.中国宪法文本中的"内"与"外"[J].学术月刊，2020，52（12）：95.

❷　习近平.高举中国特色社会主义伟大旗帜 为全面建设社会主义现代化国家而奋斗：在中国共产党第二十次全国代表大会上的报告 [M].北京：人民出版社，2022：30.

# 第二节　推动各民族共同走向社会主义现代化的财政法治保障

## 一、引论

2021 年中央民族工作会议上指出，"要推动各民族共同走向社会主义现代化"，并在"完善差别化区域支持政策，支持民族地区全面深化改革开放，提升自我发展能力""找准促进共同富裕的切入点和发力点""加大对民族地区基础设施建设、产业结构调整支持力度"，以及"深入推进兴边富民行动"等方面作出了明确部署。❶当前，推动各民族共同走向社会主义现代化成为理论和实践领域关注的重大问题。❷学界从宏观层面对促进各民族共同走向社会主义现代化作出了十分有价值的研究，但对于具体制度的研究及对策性研究还稍显不足。随着国家政策的不断深化，各民族共同现代化的研究应当更加深入和具体。

财政作为国家治理的基础和重要支柱，对于"促进各民族紧跟时代步伐、共同团结奋斗、共同繁荣发展""推进中华民族共同体建设""支持各民族发展经济、改善民生，实现共同富裕"都是非常重要的政策工具，也

❶ 习近平在中央民族工作会议上强调 以铸牢中华民族共同体意识为主线 推动新时代党的民族工作高质量发展 [J]. 中国民族，2021（8）：5.

❷ 学界对各民族共同走向社会主义现代化进行了广泛的研究。有学者梳理了中国共产党带领各族人民共同走向社会主义现代化的道路历程，总结了历史经验和建设成就，并探索有效途径。见岳凤兰，赵曾臻. 推动各民族共同走向社会主义现代化的中国道路 [J]. 中央民族大学学报（哲学社会科学版），2022（6）. 还有学者提出了各民族共同走向社会主义现代化在经济、政治、文化、社会建设，以及生态方面应当如何推进的举措。见沈桂萍. 推动各民族共同走向社会主义现代化 [J]. 中南民族大学学报（人文社会科学版），2022（11）.

是落实《宪法》和《民族区域自治法》中的"国家帮助"职责及财政优惠照顾政策的制度保障，从而也是推动各民族走向社会主义现代化的重要手段。

法治是全面建设社会主义现代化的重要保障。党的二十大报告明确提出，"在法治轨道上全面建设社会主义现代化国家"❶。财政行为主体广泛、运行过程复杂，只有被严格规范才能在统一的多民族国家治理过程中发挥积极作用，财政法治就是健全财政立法、依法规范财政行为、将财政运行过程全部纳入法治轨道，以此成为推动各民族共同走向社会主义现代化的必然选择。因此，本节试图从财政法治这样一个相对具体又颇为重要的视角探讨推动各民族共同走向社会主义现代化的主题。

## 二、财政法治是推动各民族共同走向社会主义现代化的必备基础

财政作为形塑国家治理结构的重要方式❷，通过资源汲取、再分配及相应的制度建设，为推动各民族共同走向社会主义现代化提供物质基础、制度保障和政策工具。财政法治通过将财政事务纳入法治轨道，以法律法规作为财政行为的指导和规范标准，使财政活动具有稳定性和可预期性，为推动各民族共同走向社会主义现代化提供保障。

### （一）财政是各民族共同走向社会主义现代化的重要基础

中华人民共和国成立以来，党和国家通过加强民族地区财政能力建设、不断完善转移支付制度、逐渐规范以对口支援为代表的横向转移支付机制，实现了民族地区经济社会的快速发展、民生改善、社会稳定，也提高了民族地区的开放程度，为推动各民族共同走向社会主义现代化奠定了

---

❶ 习近平.高举中国特色社会主义伟大旗帜 为全面建设社会主义现代化国家而团结奋斗——在中国共产党第二十次全国代表大会上的报告（2022年10月16日）[J].求是，2022（21）：22.

❷ 刘尚希，武靖州.论嵌入国家治理的财税体制改革[J].税收经济研究，2022（2）：4.

坚实的基础。

第一，财政收支能力建设推动了民族地区经济社会快速发展。中华人民共和国成立以后，民族地区财政纳入国家统一财政制度，经历了一般财政体制、民族自治地方特殊财政体制、财政包干制及"分税制"改革，民族地区确立了与全国一般地方相同的财政体制，民族地区财政能力显著上升，促进了民族地区经济社会快速发展。一方面，组织财政收入能力显著提升。通过减税降费、优化税制结构及健全产业税收政策等措施，实现了刺激消费需求、优化营商环境的目标，经济快速增长，财政收入迅速增加。另一方面，财政分配能力不断提升。随着公共产品需求的增长及中央对民族地区转移支付资金的增加，民族地区支出大幅增长，经济建设支出在民族自治地方财政总支出占比一直较高，发挥了财政支出的"乘数效应"。党的十八大以来，传统的"重"经济、"轻"社会保障和财政支出的结构得到调整，民族自治地方财政支出在民生、国家重点领域明显增多，带动民族地区产业结构调整，推动了民族地区发展模式的转变，经济社会从高速发展转向高质量发展。

第二，逐步完善的转移支付制度改善了民生并且维护了边疆稳定。一直以来，民族地区经济社会发展水平低、财源少、财力不足，财政支出困难。为了保障民族自治地方政府能够行使支出职能，中央政府始终坚持对民族地区进行转移支付。中华人民共和国成立以后，为解决中央和民族自治地方财政存在的纵向不平衡问题，中央对民族自治地方财政进行预算差额或定额补助，并设置少数民族地区补助费❶，在民族地区财政财力严重不足的情况下，中央的转移支付资金为保障少数民族发展生产、文化教育、医疗卫生提供了财力支持。在"分灶吃饭"财税体制下，中央对民族地区的财政补贴规模逐渐上升，考虑到少数民族地区在发展上的特殊困难及为

❶ 1955年国家设置少数民族地区补助费，这一费用是帮助少数民族地区解决生产生活的实际困难由国家拨付的补助款，如1985年西藏自治区财政厅下发的少数民族补助费用于西藏门巴、珞巴族等聚居的地区修桥、建房。参见《西藏自治区志·财政志》编纂委员会.西藏自治区志·财政志[M].北京：中国藏学出版社，2011：314-325.

了加速边境工业生产，国家在财政包干范围以外设置支援不发达地区补助费，这一项资金对促进民族自治地方边境地区的生产发展和各民族群众民生改善、巩固国防和维护边疆稳定起到了积极作用。❶ 在"分税制"改革以后，规范的转移支付制度逐步建立起来，一般性转移支付覆盖了民族地区的民生领域，民众普遍关注的教育与医疗卫生这两项民生性支出逐年提高，并且高于全国平均水平。民众获得感更强的社会保障与就业支出的增长速度相比一般地方也更快。中央为帮助民族地区获得普惠公共服务，制定了大量针对民族地区的专项转移支付项目，专项转移支付重点用于民族地区的教育、医疗卫生、社会保障、支农等公共服务领域，这使"分税制"所确立的转移支付体系中，民族地区的公共服务不是主要依靠当地财政支出而是更多地依靠专项资金来提供。

第三，落实对口支援政策促进了民族地区开放与各民族交往交流交融。对民族地区进行对口支援的最早形式是"对口援藏"，早期的"对口援藏"是西藏民主改革后的一项临时性安排，援助重点在经济领域，援藏主体也只有中央机关。改革开放以后，对口支援政策在国家层面提出，正式开启对内蒙古、广西、贵州、青海、宁夏、新疆等民族省区的对口支援，也陆续开创了全国支援西藏和全国支援新疆的格局。随着对民族地区对口支援实践的不断发展，支援主体扩展到中央机关、中央授权委托单位，全国经济发达省、市等，支援领域从经济领域扩展到社会发展的各个领域，全国各省市等支援主体在民族地区的企业发展、教育、技术、医疗卫生及干部队伍建设等方面给予援助，使各族群众感受到了祖国大家庭的照顾。进入 21 世纪，西部大开发、兴边富民等政策的有效推行，尤其精准扶贫推动了各民族各区域之间更加频繁和紧密的互动。对口支援一定程度上协调了各民族互动过程中的利益关系，通过全方位、多层次的支援，培育了对口支援机制中利益主体的经济与社会利益增长点，同时，"民族团结""民族平等"的价值观念不断被强化，增强了各方利益共同体意识。

---

❶ 《西藏自治区志·财政志》编纂委员会.西藏自治区志·财政志［M］.北京：中国藏学出版社，2011：325.

干部派遣这一"以人为主"的转移支付形式更是加速了民族地区与非民族地区之间人员的交往交流交融。对口支援使民族地区建立了与非民族地区的联结，提高了民族地区的开放水平，重塑了民族地区各族群众的时空想象。

**（二）财政法治为各民族共同走向社会主义现代化提供规范指引和保障**

我国《宪法》和《民族区域自治法》为国家针对民族地区制定和实施财政政策提供了法律依据，在实践中，这些规则为推动各民族共同走向社会主义现代化提供了规范指引，起到了充分的保障作用。

首先，各民族"共同繁荣"的宪法原则为推动各民族共同走向现代化的财政治理提供统领性指引。中华人民共和国成立之初，国家就已经充分考虑到民族地区经济基础薄弱和少数民族民生改善问题。1954年《宪法》中尚未有"共同繁荣"这一表述，但是《宪法》序言中"国家在经济建设和文化建设的过程中将照顾各民族的需要"的规定在实践中得到有效实施。在财政政策上，国家在预算制定、对民族地区进行基础设施投入方面都有倾斜安排。党的十一届三中全会以后，党和国家的工作重心转移到经济建设上来，加快民族地区发展成为社会主义国家的应有之义，"共同繁荣"这一表述也被写入1982年《宪法》中。1982年《宪法》序言中规定了"国家尽一切努力，促进各民族共同繁荣"，1984年通过的《民族区域自治法》序言第二段中也指出实行民族区域自治体现了"国家坚持实行各民族平等、团结和共同繁荣的原则"。邓小平在1987年曾提出"我们帮助少数民族地区发展的政策是坚定不移的"❶。在市场经济下，民族地区处于弱势，坚持各民族共同繁荣显得尤为重要。1992年江泽民在中央民族工作会议上指出，"推动各民族发展进步和共同繁荣不仅是个经济问题，而且是个政治问题"❷。在"共同繁荣"原则指导下，"对口支援""兴边富民""西部大开发"等促进民族地区繁荣发展的重大国家战略得到有效实

❶　中共中央文献编辑委员会.邓小平文选：第3卷[M].北京：人民出版社，1993：246.

❷　中共中央文献编辑委员会.江泽民文选：第1卷[M].北京：人民出版社，2006：182.

施并逐渐显现出生命力。共同繁荣是实现民族平等和民族团结价值的内在要求，也是有效路径，这为中央和地方制定和实施各民族共同实现社会主义现代化的各项财政政策提供了根本依据。

其次，以财政为政策工具的国家帮助职责的规定，为推动各民族共同走向社会主义现代化提供全面保障。《宪法》和《民族区域自治法》中规定了国家以财政为政策工具帮助民族地区加快经济社会发展的职责。《宪法》第四条规定了国家保护少数民族权利及国家的帮助职责，同时，在第三章第六节最后一条规定了国家对少数民族加速发展经济建设和文化建设事业有财政方面的职责。《民族区域自治法》第六章对国家对民族地区的经济社会发展具有财政帮助职责作出了详细规定。一直以来，学界对《民族区域自治法》第六章的解读主要从央地关系视角展开，因此也有学者认为《民族区域自治法》的规定过于原则化。但从财政视角重新审视，则会发现这一章的规定为促进各民族共同走向社会主义现代化提供了财政法制依据。总体上来看，国家对民族地区以财政为政策工具而负有的帮助职责涉及经济、社会、文化、教育、医药、生态等各个方面，为推动各民族共同走向社会主义现代化提供了全面的法制保障。《民族区域自治法》第六章第五十八条规定上级国家机关从财政、金融、人才等方面帮助民族自治地方的企业进行技术创新，促进产业结构升级；第六十条规定了上级国家机关从税收方面对民族自治地方的商业、供销和医药企业予以扶持；第六十一条规定国家制定优惠政策，扶持民族自治地方发展对外经济贸易；第六十三条规定了上级国家机关在税收方面扶持民族自治地方改善农业、牧业、林业等生产条件和水利、交通、能源、通信等基础设施；第六十九条规定国家和上级人民政府从财政方面加大对民族自治地方贫困地区的扶持力度，这是在民族地区开展脱贫攻坚的法律依据；第七十一条详细规定了国家加大对民族自治地方的教育投入。此外，一些财政扶持条款虽然出现在以自治机关的自治权为内容的第三章，但这些条款实际上体现了对民族地区的财政支持，如第三十七条规定通过财政帮助民族地区发展教育及第三十八条规定的对民族自治地方文化事业发展进行财政支持。

最后，具体的财政支持制度成为规范财政行为的直接依据。我国当前的法律中，关于民族地区财政制度的规定，主要集中在《民族区域自治法》，主要涉及以下几个方面，第一，民族自治地方财政作为一级财政享受国家照顾，如第三十四条规定了民族自治地方在执行税法时享有税收减免权，第五十六条规定了国家在民族地区安排基础设施建设，民族自治地方享有配套资金减免的照顾。❶第二，对转移支付的专门规定。第三十二条规定了民族自治地方在国家规范的转移支付制度内享受上级财政照顾，同时，对专项转移支付作出了专门的规定。第五十九条规定了国家设立专项资金扶助民族自治地方发展经济文化建设事业。第三，关于生态补偿的规定。第六十五条、第六十六条规定了国家、其他组织和个人对民族自治地方进行资源开发和建设时，对输出自然资源的民族自治地方给予一定利益补偿，以及民族自治地方为国家生态平衡、环境保护作出贡献的，国家给予利益补偿，这两个条款成为确立对民族地区进行生态补偿转移支付制度的直接法律依据。此外，《企业所得税法》第二十九条规定了民族自治地方企业享有所得税的减征和免征权。这些规定，成为规范国家对民族地区进行财政支持的直接依据。

### 三、各民族共同现代化视域下的财政法治建设方向

中央民族工作会议强调，"必须把推动各民族为全面建设社会主义现代化国家共同奋斗作为新时代党的民族工作的重要任务，促进各民族紧跟时代步伐，共同团结奋斗、共同繁荣发展"❷。"要赋予所有改革发展以彰显中华民族共同体意识的意义，以维护统一、反对分裂的意义，以改善民生、凝聚人心的意义，让中华民族共同体牢不可破。"❸新时代，财政法治

---

❶ 《民族区域自治法》第五十六条第 2 款规定："国家在民族自治地方安排基础设施建设，需要民族自治地方配套资金的，根据不同情况予以减少或者免除配套资金的照顾。"

❷ 习近平在中央民族工作会议上强调 以铸牢中华民族共同体意识为主线 推动新时代党的民族工作高质量发展 [J]. 中国民族，2021（8）：5.

❸ 习近平在中央民族工作会议上强调 以铸牢中华民族共同体意识为主线 推动新时代党的民族工作高质量发展 [J]. 中国民族，2021（8）：7.

建设也应当按照上述要求发挥应有的作用。为提高财政效率，以"支持民族地区全面深化改革开放，提升自我发展能力"，"融入新发展格局"，"实现高质量发展"，财政法治建设应当有利于民族地区民生改善，推动民族地区对接国家区域重大战略及融入新发展格局，发挥好财政法治的引领、规范、保障和服务作用。

**（一）保障民族地区公共服务供给，夯实铸牢中华民族共同体意识的物质基础**

党的二十大报告指出，"中国式现代化是物质文明和精神文明相协调的现代化"。财政法治能够有效推进财政治理的现代化，将财政收支过程全部纳入法治范围，以法治规范政府理财行为，实现发展成果由各族人民共享，提升少数民族群众的获得感。

第一，财政法治是适应新时代各族群众需求结构变化的应有之义。各族群众日益增长的美好生活需要和不平衡不充分的发展之间的矛盾在民族地区尤为突出：经济发展水平相比全国平均水平仍然较低；教育、公共文化、公共卫生服务设施不完善；区域不均衡、城乡不均衡问题突出。同时，各族群众的需求从追求高质量的物质产品和服务扩展到法治、公平、安全、环境等领域。面对不平衡不充分发展带来的问题及各族群众需求结构的变化，需要进一步实现财政治理体系和治理能力的现代化，在法治轨道上为各族群众提供更多的保障。

第二，财政法治促进社会公平正义的实现。改革开放初期坚持效率优先原则，在市场经济背景下，民族地区有所发展，但与东部地区差距仍然存在，财政法治内在要求财政治理的理念向公平转变并落实《宪法》中共同富裕、共同繁荣的原则。现阶段，由于民族地区公共服务存量低、供给成本高、民族自治地方财力不足、特殊支出占比高，民族地区基本公共服务支出需求缺口大，需要通过财政法治规范政府支出行为，通过预算法治落实国家对民族地区的帮助和扶持政策。一方面，民生连着民心，要保障对民族地区义务教育、公共卫生、基础科学研究、公共文化事业和社会救济等基本公共服务方面的支出，在消除返贫风险的基础上，促进民族地区经济、社会、文化等各方面的繁荣发展。另一方面，在大流动大融居的背景下，要十分重视在城镇化过程中医疗、教育等公共服务覆盖到流动人口及其子女身上，统筹财政资金用于流动人口的职业技能培训，实现农村人口向城市人口的转变。

第三，财政法治是保障基本公共服务供给的有效方式。基本公共服务的对象是面向其所在区域的民众，对于民族地区来说，教育资源的供给有利于促进形成公平正义的利益分配格局，高素质的劳动力资源是民族地区提升自主发展能力和可持续发展能力的决定性因素。当前，以法治保障财政资金的有效使用，帮助各族群众提升在参与市场竞争中的各项能力，是发挥财政实现基本公共服务有效供给的重要体现。以财政服务于推广国家通用语言文字为例，通过加大财政资金支持力度，加强对民族地区的公务用语用字培训，大力帮扶民族地区汉语文教师和双语教师队伍建设，加大财政支持力度支持大学生和东部地区到民族地区开展志愿服务和支教活动等，尤其加强对民族地区农牧区、贫困地区学前教育和义务教育的财政支持，长远来看有助于提升各族群众的个人发展能力及民族地区自我发展能力。

**（二）提升区域资源利用效率，推动区域协调发展**

党的二十大报告将"促进区域协调发展"作为高质量发展的重要内容。建立区域协调发展的财政体系，不仅要完善纵向的转移支付制度，为民族地区加快发展提供财力支撑和机制保障，更重要的是，在处理好政府和市场关系的基础上，构建良好的财税法治体系，优化横向的资源配置。民族自治地方受制于自然和资源条件的限制，环境脆弱、产业结构单一，只有通过开放，才能够发挥其自身的优势，与周边地区形成深度嵌入的良好局面，财税法治应当引导民族地区发挥比较优势的作用，缩小发展差距，促进协调发展。

首先，财政法治推进区域间基础设施联通。近年来，民族地区基础设施水平大幅提升，但与全国甚至是与民族地区在地理上相连接的非民族省市相比，基础设施的水平仍然存在较大差距，对市场发展支撑能力严重不足。因此，促进区域协调发展的首要问题是建立跨区域的重大基础设施，如铁路、公路、重大水利工程的建设，这些基础设施建设以财政投入为主，但随着财政压力的不断增加，建立合理的资金分担机制和扩大融资渠道成为区域协调发展面临的重要任务。财政体制不平衡对地方政府在预算法框架外的举债融资行为产生显著影响，这种现象在经济欠发达地区更加显著。❶同时，经济发展水平较低的地区融资成本较高❷，而且民族地区财政自给率不高，财政偿还能力弱，容易发生债务违约等风险。因此，要解决民族地区经济发展的财力需求，应当依法约束政府的融资行为，推进政府以市场化方式筹措建设资金。同时，在预算法的框架下，对民族地区承担重大公益性项目建设任务，适当扩大政府债务额度，支持民族地区发行地方政府债券用于项目建设。

其次，财政法治有助于健全区域合作和互助机制。我国民族地区的禀赋结构和发展阶段有相似之处，造成民族地区之间、民族地区与周边区域之间存在着资源同质化的问题。市场经济体制下，要素流动遵循经济规律，产业同质可能带来恶性竞争、地方保护主义和零和博弈的问题。这种情况下，需要积极发挥财政法治引导作用，弥补市场调节不足。在中央的积极统筹下，不同民族地区应当积极培育地方特色产业，对民族地区特色产业进行财政补贴，研究制定支持民族地区口岸、物流集成商、农业牧业、旅游等财政政策，使各地形成产业协同发展的模式。民族地区基本公共服务水平较低，劳动力素质、技术水平与中东部地区相比存在较大差距。财政法治应当为经济要素自由流动提供保障，通过对口支援和东西协作的规范化，更好地促进人员交流，使高素质的劳动力和先进科技流入民

---

❶ 李永友，张帆.垂直财政不平衡的形成机制与激励效应[J].管理世界，2019（7）：43.

❷ 中国人民大学政府债务治理研究中心.统筹发展与安全：中国政府债务研究[M].北京：中国财政经济出版社，2021：118.

族地区，从而以共同繁荣为原则促进发达地区与欠发达地区区域联动机制的建立，推动各民族共同富裕的实现。

最后，财政法治有助于健全区域发展利益补偿机制。民族地区大多是限制开发的重点生态区，在推动高质量发展阶段，国家对这些不具备大规模高强度工业化城镇化开发条件的区域，确定的发展方向是保护生态产品生产力、落实国家支持生态环境保护政策及改善当地公共服务和民生。中央明确规定，"严禁不符合主体功能定位的各类开发"。这决定了民族地区在产业发展方面必然受到限制。同时，民族地区也是多种资源的供给地，但由于财力严重不足，难以承担生态环境恢复和环境保护所需规模巨大的资金，即使中央不断强调加大对重点生态功能区转移支付力度，仍难以满足资金需求。因此，构建规范的生态补偿转移支付制度对推动民族地区的可持续发展十分必要。根据卡尔多—希克斯改进理论，资源供给地增加的效用大于生态产品收益/自然资源消费区减少（小）的效用，就能够改变资源供给地"要环境还是要吃饭"的境地，同时避免收益地"搭便车"。构建规范的生态补偿转移支付制度能够摒弃以往"削峰填谷"的利益让渡形式，采用"协商妥协"的方式，通过政府的引导建立相应规则，实现资源供给地和收益地平等对话，实现社会福利最大化。❶

### （三）促进经济发展，推动民族地区融入全国统一大市场

改革开放以后，在以经济建设为中心的时代背景下，我国实施的一系列财政体制改革，给了地方政府发展经济的强财政激励，成为市场分割的重要原因。地方政府为了发展本地企业，阻挡外地企业流入同时限制生产要素流出，长此以往带来了经济的宏观扭曲，出现了要素配置低下、企业发展受限及违反税收法定原则的现象，使民族地区逐渐拉开了与中东部地区的距离。进入新发展阶段，我国的经济发展目标从追求单一的经济增长转变为追求高质量发展，随着国家治理目标的多元化、经济社会发展成本

---

❶　单云慧.新时代生态补偿横向转移支付制度化发展——以卡尔多-希克斯改进理论为分析路径 [J].经济问题，2021（2）：107–115.

的显著提高，区域之间的竞争更加激烈，市场机制下各地区之间难免出现博弈，公共风险水平随之上升。统一大市场要解决的是打破市场分割，实现资源、要素、产品在区域之间的自由流动。民族地区硬件基础设施相对落后，市场发育不完善，要素质量偏低，在融入全国统一大市场过程中会遭遇一些困难。在融入全国统一大市场之初，中东部发达地区会对其资源形成虹吸效应，随着民族地区融入全国统一大市场的水平不断提升，将对民族地区经济发展产生显著正向促进作用。❶ 因此，推动民族地区融入全国统一大市场，要从再分配和生产这两个层面入手。在分配层面，需要中央建立长效的普惠性扶持机制和精准有效的差别化支持机制，帮助民族地区实现跨越式发展，实现民族地区发展速度高于全国平均水平。在生产层面，中央的统筹和扶持为民族地区发展奠定坚实而雄厚的基础，民族地区需要在此基础上发挥自主性，充分运用财政法治方式保障民族地区经济发展。

一方面，以法治推进财政体制改革，发挥中央统筹能力。依法推进中央和民族地区之间事权和支出责任的划分，合理划分财政资金在各地各级政府的分担，结合受益范围、各级财力水平，确定各级政府的财政负担。对于区域之间外溢性问题的解决，中央应当积极参与进来，以解决区域之间正外溢性和负外溢性问题，消除各种隐性壁垒，促进区域市场统一。❷ 同时，中央对民族地区基本公共服务的提升方面提供更多资金支持，使基础设施和公共服务的水平不再成为制约要素流动的障碍。而财力的均等化单纯依靠民族地区的发展难以缩小差距，这需要进一步发挥中央的财政统筹能力，通过财政再分配的方式实现财力均等化。❸ 另一方面，以财政法治保障地方经济发展。民族地区应当建立健全促进民族地区融入统一

---

❶ 刘艺卓，周晓见，尹文渊.民族地区融入全国统一大市场的经济效应分析[J].西北民族大学学报，2023（1）.

❷ 刘尚希.建设统一大市场，财政体制设计需要新思路[J].中国经济评论，2022（9）.

❸ 范子英.全国统一大市场建设的财政激励[J].产业经济评论，2022（5）.

大市场的财政法治体系，破除阻碍经济要素循环流动各种壁垒，开放市场准入，依法打击垄断行为，促进外地企业自由进入，积极创造好的营商环境，激发市场主体活力。处理好政府和市场之间的关系，确保市场在资源配置中起决定性作用，如民族地区在出台招商引资、产业发展等涉及市场主体的财政奖补政策时既要确保市场主体公平享有财政支持政策，又要保障政策得到有效执行。

## 四、结语

"全面建设社会主义现代化国家，一个民族也不能少"，没有各民族共同团结奋斗，就难以实现社会主义现代化，没有各民族共同繁荣发展也不是社会主义现代化。各民族共同走向社会主义现代化是铸牢中华民族共同体意识的重要内容，也是中华民族伟大复兴的重要组成部分。而推动各民族共同走向社会主义现代化需要国家不断进行制度供给并随着经济社会的发展进行调整优化，也就是推进治理体系和治理能力的现代化。我国疆域广大、民族众多造成了国家治理的复杂化，而财政的性质和特点决定了其能够成为国家整合的有效手段，其以法治的价值和目标引导和规范财政行为，最终有效保障各民族的各项权利，增强各族群众获得感、幸福感和安全感，维护国家稳定，促进民族团结，实现共同富裕。中华人民共和国成立以来，党和国家以财政方式促进民族地区发展取得了显著成效，这些成功经验有待深入分析和总结。随着财政改革的推进和财税法律体系的不断完善，还应当进一步挖掘和探索财政法治在推动各民族共同走向社会主义现代化过程中的积极作用。

# 第三节　地方民族团结进步立法的实证研究

新时期，习近平总书记围绕中国是统一的多民族国家这一基本国情，就多民族国家的民族团结问题发表了一系列重要论述。他指出，坚持中国共产党的领导是维护民族团结的根本保证，坚持和完善民族区域自治制度是维护民族团结的制度保障，发展是解决民族地区各种问题的总钥匙，坚持民族事务法治化，用法律来保障民族团结是维护民族团结的基本路径，铸牢中华民族共同体意识是维护民族团结的思想基础。习近平总书记的一系列重要论述，深刻回答了在新的历史时期，我国民族团结面临的新理论和新问题，提出了新时代加强民族团结的新理念和新思路，为引领全国各族人民做好民族团结工作提供了根本遵循。

有鉴于此，从立法角度研究民族团结的保障问题正是践行习近平总书记"用法律保障民族团结"重要指示的现实路径。当前，我国的民族团结立法表现为中央部委以实施意见的形式指导全国各地开展民族团结进步创建活动和进行民族团结进步示范区建设，进而各地方（主要是民族自治地方）以单行条例和地方性法规的形式对各部委实施意见的倡导性条款和职责性条款进行落实。因此，全面回顾我国民族团结进步工作的法制化进程，对各地有关"民族团结进步"的立法情况进行分析、总结和提炼，萃取其中的法理智慧，有助于帮助相关职能部门全面掌握相关情况，为完善相关制度，在国家层面通过立法统筹推进民族团结事业贡献理论基础。

## 一、各地"民族团结进步"立法的现状

根据我国的立法体制，拥有一般地方立法权的主体为省、自治区、直辖市、自治州、设区的市的人民代表大会及其常务委员会和政府，分别有

权制定地方性法规和地方政府规章；拥有自治立法权的自治区、自治州、自治县的人民代表大会有权制定关于"民族团结进步"的单行条例。因此，我们以"民族团结进步"为关键词，对北大法宝、中国法律法规信息系统、读秀等数据库，并辅之以百度等公共搜索引擎检索相关地方性法规、地方政府规章、单行条例，统计了 31 件有关"民族团结进步"的地方立法。其中 2009 年公布的《新疆维吾尔自治区民族团结教育条例》已经废止，被 2015 年公布的《新疆维吾尔自治区民族团结进步工作条例》替代。2016 年修订后的《海西蒙古族藏族自治州促进民族团结进步条例》已经废止，被 2023 年开始实施的《海西蒙古族藏族自治州促进民族团结进步条例》替代。综上，截至 2023 年 12 月，各地就"民族团结进步"的相关立法为 32 件，其中 11 件地方性法规，17 件为单行条例，4 件为地方规范性文件（见表 2-1、表 2-2 和表 2-3）。

**表 2-1 各地有关"民族团结进步"的地方性法规**

| 序号 | 制定机关 | 法规名称 | 施行日期 |
|---|---|---|---|
| 1 | 拉萨市人大代表大会常务委员会 | 拉萨市民族团结进步条例（2023 年修订） | 2023 年 11 月 1 日 |
| 2 | 四川省人大代表大会常务委员会 | 四川省民族团结进步条例 | 2023 年 1 月 1 日 |
| 3 | 内蒙古自治区人民代表大会 | 内蒙古自治区促进民族团结进步条例 | 2021 年 5 月 1 日 |
| 4 | 新疆维吾尔自治区人民代表大会 | 新疆维吾尔自治区民族团结进步模范区创建条例 | 2021 年 3 月 1 日 |
| 5 | 新疆维吾尔自治区人大代表大会常务委员会 | 新疆维吾尔自治区民族团结进步工作条例 | 2016 年 1 月 1 日 |
| 6 | 宁夏回族自治区人大代表大会常务委员会 | 宁夏回族自治区促进民族团结进步工作条例 | 2021 年 1 月 1 日 |
| 7 | 广东省人大代表大会常务委员会 | 广东省促进民族地区发展条例 | 2020 年 6 月 1 日 |
| 8 | 西藏自治区人民代表大会 | 西藏自治区民族团结进步模范区创建条例 | 2020 年 5 月 1 日 |
| 9 | 云南省人民代表大会 | 云南省民族团结进步示范区建设条例 | 2019 年 5 月 1 日 |

| 序号 | 制定机关 | 法规名称 | 施行日期 |
|---|---|---|---|
| 10 | 青海省人大代表大会常务委员会 | 青海省促进民族团结进步条例 | 2019 年 5 月 1 日 |
| 11 | 贵州省人大代表大会常务委员会 | 贵州省促进民族团结进步条例 | 2015 年 5 月 1 日 |

表 2-2　各地有关"民族团结进步"的单行条例

| 序号 | 制定机关 | 法规名称 | 施行日期 |
|---|---|---|---|
| 1 | 海西蒙古族藏族自治州人民代表大会 | 海西蒙古族藏族自治州促进民族团结进步条例 | 2023 年 9 月 1 日 |
| 2 | 伊通满族自治县人民代表大会 | 伊通满族自治县民族团结进步条例 | 2023 年 8 月 30 日 |
| 3 | 长白朝鲜族自治县人民代表大会 | 长白朝鲜族自治县民族团结进步条例 | 2023 年 4 月 11 日 |
| 4 | 云南迪庆藏族自治州人民代表大会 | 云南迪庆藏族自治州民族团结进步条例（2022 年修订） | 2022 年 9 月 1 日 |
| 5 | 凉山彝族自治州人民代表大会 | 凉山彝族自治州民族团结进步条例 | 2020 年 11 月 1 日 |
| 6 | 北川羌族自治县人民代表大会 | 北川羌族自治县促进民族团结进步条例 | 2020 年 10 月 1 日 |
| 7 | 循化撒拉族自治县人民代表大会 | 循化撒拉族自治县民族团结进步条例 | 2020 年 7 月 1 日 |
| 8 | 前郭尔罗斯蒙古族自治县人民代表大会 | 前郭尔罗斯蒙古族自治县民族团结进步条例 | 2019 年 12 月 1 日 |
| 9 | 云南省寻甸回族彝族自治县人民代表大会 | 云南省寻甸回族彝族自治县民族团结进步条例 | 2019 年 10 月 1 日 |
| 10 | 阿坝藏族羌族自治州人民代表大会 | 阿坝藏族羌族自治州民族团结进步条例 | 2019 年 7 月 1 日 |
| 11 | 玉树藏族自治州人民代表大会 | 玉树藏族自治州民族团结进步条例 | 2017 年 6 月 2 日 |
| 12 | 甘孜藏族自治州人民代表大会 | 甘孜藏族自治州民族团结进步条例 | 2016 年 8 月 1 日 |
| 13 | 海南藏族自治州人民代表大会 | 海南藏族自治州民族团结进步条例 | 2016 年 7 月 28 日 |

续表

| 序号 | 制定机关 | 法规名称 | 施行日期 |
|---|---|---|---|
| 14 | 黄南藏族自治州<br>人民代表大会 | 黄南藏族自治州民族<br>团结进步条例 | 2016 年 5 月 1 日 |
| 15 | 新疆察布查尔锡伯<br>自治县人民代表大会 | 新疆察布查尔锡伯自治县<br>促进民族团结条例 | 2015 年 7 月 1 日 |
| 16 | 果洛藏族自治州<br>人民代表大会 | 果洛藏族自治州民族<br>团结进步条例 | 2014 年 11 月 27 日 |
| 17 | 海北藏族自治州<br>人民代表大会 | 海北藏族自治州民族<br>团结进步条例 | 2014 年 5 月 29 日 |

表 2-3　各地有关"民族团结进步"的地方政府规章

| 序号 | 制定机关 | 法规名称 | 施行日期 |
|---|---|---|---|
| 1 | 海南藏族自治州<br>人民政府 | 海南藏族自治州民族团结<br>进步条例实施细则 | 2023 年 4 月 28 日 |
| 2 | 云南省人民政府 | 云南省民族团结进步示范区<br>建设条例实施细则 | 2021 年 1 月 1 日 |
| 3 | 黄南藏族自治州<br>人民政府 | 黄南藏族自治州民族团结<br>进步条例实施细则 | 2019 年 1 月 30 日 |
| 4 | 玉树藏族自治州<br>人民政府 | 玉树藏族自治州民族团结<br>进步条例 | 2019 年 3 月 1 日 |

从以上统计情况来看，各地有关"民族团结进步"的立法现状可总结为以下三点。

第一，总体上看，我国有关"民族团结进步"的地方立法启动较晚、数量偏少、整体立法活动不够活跃。我国民族团结进步创建活动肇始于1952 年吉林省延边朝鲜族自治州的民族团结宣传月活动，其后各地的民族团结创建活动陆续展开，民族团结宣传月、民族团结先进集体和先进个人表彰等一系列民族团结创建活动如火如荼地开展并逐渐形成惯例。然而，地方上最早的一部民族团结进步立法《新疆维吾尔自治区民族团结教育条例》（已废止）于 2009 年年底公布，2010 年后才开始施行；在这之后各地才陆陆续续展开了民族团结进步立法的活动，地方立法滞后于我国民族团结进步活动的实践。从制定法规的数量上看，地方民族团结进步立法的数量偏少。我国有 155 个民族自治地方，包括 5 个自治区、30 个自治州、120 个自治县（旗），5 大自治区已有 4 个制定了相关法规，自治区制定相关立法的比例达到 80%；30 个自治州有 10 个自治州制定了法规，自治州立法的比例达到 33%；120 个自治县仅有 4 个自治县制定相关立法，自治县立法的比例仅 3.3%。可见，自治区的立法积极性最高，自治县立法成果非常单薄。此外，如果算上民族自治地方以外有地方立法权的 292 个❶ 地方，全国 442❷ 个可以制定"民族团结进步"立法的地方仅有 29 部法规的数量仍然偏低，各地有关民族团结进步立法的活动不够活跃。

第二，从制定法规的地域分布来看，民族八省区的民族团结地方立法活动最为活跃，大部分都有立法成果，其中青海省各层级的立法成果最为丰富。民族八省区中新疆维吾尔自治区、西藏自治区、宁夏回族自治区、内蒙古自治区、云南省、贵州省、青海省均已有颁布的法规，并且已经开始实施；广西壮族自治区的地方立法则相对滞后，从公开渠道未能查阅到广西有相关的立法信息。在民族八省区中，青海省（下辖 6 个自治州、7 个自治县）的民族团结立法活动最为活跃、成果最为丰富，省级和省内 6 个自治州（海南藏族自治州、海北藏族自治州、海西蒙古族藏族自治州、果洛藏族自治州、黄南藏族自治州、玉树藏族自治州）均已进行立法，有 1 部省级地方性法规和 6 部单行条例，且 5 个自治州已有相应的配套实施规则；云南省（下辖 8 个自治州、26 个自治县）仅有 1 部省级地方性法规、1 部省级地方政府规章，以及 1 部寻甸回族彝族自治县的单行条例；贵州省（下辖 3 个自治州、11 个自治县）仅有 1 部省级地方性法规，下辖的自治州和自治县均未制定单行条例。民族八省区以外，四川省的凉山彝族自治州、阿坝藏族羌族自治州、甘孜藏族自治州、北川羌族自治县和吉

❶ 陈书全，马鹏斐. 基于地方立法实践的设区的市立法事项范围研究 [J]. 山东大学学报（哲学社会科学版），2020（1）：28–39.2015 年修改后的《立法法》，将享有市级地方立法权的主体由原先 49 个较大的市扩展至包括所有设区的市、自治州，以及 4 个不设区地级市在内的 322 个有权主体.

❷ 全国有权制定"民族团结进步"立法的地方数量 =292+30（自治州）+120（自治县）=442.

林省的前郭尔罗斯蒙古族自治县制定了民族团结进步的单行条例，其他省份的民族团结进步立法成果为零。

第三，从地方立法的制定机关和法规效力来看，既有省、自治区、设区的市人大或人大常委会制定的地方性法规，也有自治州、自治县人大制定的单行条例，还有省、自治州政府制定的地方政府规章。现有的 32 件法规中，有 11 件是地方性法规，自治区制定的地方性法规 5 件来源于宁夏回族自治区、新疆维吾尔自治区、西藏自治区、内蒙古自治区，省制定的地方性法规 5 件来源于云南省、青海省、贵州省、四川省、广东省，还有设区的市制定的地方性法规 1 件来源于拉萨市；17 件为单行条例，其中10 件为自治州制定的单行条例，来源于凉山彝族自治州、阿坝藏族羌族自治州、玉树藏族自治州、甘孜藏族自治州、海南藏族自治州、海西蒙古族藏族自治州、黄南藏族自治州、果洛藏族自治州、海北藏族自治州、迪庆藏族自治州；另外 7 件为自治县制定的单行条例，来源于北川羌族自治县、前郭尔罗斯蒙古族自治县、寻甸回族彝族自治县、察布查尔锡伯自治县、伊通满族自治县、长白朝鲜族自治县、循化撒拉族自治县；4 件地方政府规章均是相关法规的配套实施规则，其中 1 件为云南省的配套实施规则，其余 3 件均为自治州的配套规则，来源于青海省黄南藏族自治州、玉树藏族自治州、海南藏族自治州。从民族因素来考量的话，藏族实行民族区域自治的地方立法活动最为突出，西藏自治区 10 个藏族自治州中有 9个出台了民族团结进步的地方立法。

## 二、各地"民族团结进步"立法的特点

我国《宪法》规定了"平等、团结、互助、和谐的社会主义民族关系"，其中形式平等是基础和前提，团结和互助是途径和方法，和谐和实质平等是最终的目标和追求。我们从规范分析的角度考察《宪法》中"民族团结"的含义，主要包括三个层面：民族内部的团结、各民族之间的团结及中华民族的大团结等。"民族内部的团结"规范的是某一民族内部的关系，在中华人民共和国成立初期尤其具有重要的指导意义，通过废除历

史上各民族中存在的等级制度、奴隶制度、封建制度等促进民族内部的平等和团结。"各民族之间的团结"规范的是各民族之间的关系，一方面反对大民族主义，主要是大汉族主义，也反对地方民族主义；禁止对任何民族的歧视和压迫，禁止破坏民族团结和制造民族分裂的行为；另一方面通过民族区域自治制度、民族优惠政策、对口支援政策等，不断推动各民族在社会生活各方面平等权的实现，进而促进民族团结。"中华民族的大团结"规范的是各民族与中华民族之间的关系，一是国家尽一切努力，促进全国各民族的共同繁荣和发展；二是各民族公民都有维护国家统一和全国各民族团结（中华民族大团结）的义务。

《宪法》中"民族团结"的不同含义具有鲜明的时代特征。中华人民共和国成立初期，"各民族内部的团结"是当时国家社会生活中的重要内容，民族识别、社会主义民主改革、社会主义改造等工作，废除了各民族历史上的等级制度、剥削制度，真正实现了让各民族人民当家作主，每一个民族的公民都得到了法律所保障的平等权利，初步实现了民族内部的团结。改革开放以后，各民族的发展从以前相对局限的地域扩展到了祖国这个更广阔的舞台，各民族之间的经济、社会往来越来越密切，交往、交流、交融程度越来越深，此时"各民族之间的团结"就显得尤为重要，成为国家社会生活中的重要领域。民族区域自治制度、对口支援、西部大开发、民族优惠政策等一系列制度和政策的实施，不断促进各民族之间实质平等的发展、进步，在此基础上各民族之间的团结不断得到巩固。迈向新时代，伴随着中国经济的飞速发展，作为世界第二大经济体的中国在世界舞台上扮演着越来越重要的角色，发挥着愈加重要的作用，"中华民族的大团结"被放置到世界舞台上接受考验。2018 年"中华民族"正式写入《宪法》，从立法层面为规范和巩固"各民族与中华民族的关系"提供了最高法的依据，只有不断增强各民族对伟大祖国、中华民族、中华文化、中国共产党、中国特色社会主义的认同，不断铸牢中华民族共同体意识，中华民族才能在新时代的世界舞台上实现伟大复兴的中国梦。当然，我们谈到"民族团结"的含义具有鲜明的时代特征时，并非否认特定时代"民族团结"的多重含义，"民族内部的团结""各民族之间的团结"仍是需要一以贯之的规范内容，也是我国"民族团结进步"工作的重要内容。我们只是强调，在当下的时代背景下，对《宪法》中"民族团结"的贯彻和落实应当重点关注"中华民族的大团结"，规范和巩固"各民族与中华民族的关系"应当是当下国家和地方立法中的重点内容。

**（一）地方立法不断强化和丰富"中华民族共同体意识"的内涵**

铸牢中华民族共同体意识是习近平新时代民族工作重要论述的理论精髓。这一理论既是马克思主义民族理论中国化的重要产物，也是习近平新时代民族工作指导思想的核心内容。党的十八大以来，铸牢中华民族共同体意识的理论话语体系经历了一个不断发展和丰富的过程：2014 年 9 月习近平总书记在中央民族工作会议上提出"积极培养中华民族共同体意识"；2017 年 10 月党的十九大报告强调要"铸牢中华民族共同体意识"；2019 年 10 月党的十九届四中全会明确指出要"打牢中华民族共同体思想基础"。地方立法中基本贯彻了这一指导思想，并且不断丰富和深化。在已经出台的 29 部立法中，11 部法规中有"铸牢中华民族共同体意识"的表述，并且条文语言随着中央文件精神的表述而变迁（见表 2-4），但 2014 年之前地方立法对"铸牢中华民族共同体意识"的规定均未放在总则部分，而是在后面一笔带过。2019 年，习近平总书记在党的十九大报告中提出"铸牢中华民族共同体意识"之后，各地立法对"铸牢中华民族共同体意识"的强调越来越多，近几年各地的立法均将"铸牢中华民族共同体意识"放在总则部分作为立法理念贯穿始终。除此之外，大部分地方立法还在总则部分强调"教育引导各族群众树立正确的国家观、历史观、民族观、文化观、宗教观，增强对伟大祖国、中华民族、中华文化、中国共产党、中国特色社会主义的认同"，"汉族离不开少数民族、少数民族离不开汉族、各少数民族之间也相互离不开"及"各族群众应当增强国家意识、公民意识、法治意识、中华民族共同体意识，自觉维护国家利益和民族团结大局"。这些均是对《宪法》中"民族团结"的第三层含义"中华民族的大团结"的贯彻和落实。

表 2-4　地方立法中"铸牢中华民族共同体意识"的相关表述

| 法规名称 | 条款位置 | 相关表述 |
|---|---|---|
| 内蒙古自治区促进民族团结进步条例（2021 年 5 月 1 日） | 第 1 条 | ……铸牢中华民族共同体意识…… |
| 新疆维吾尔自治区民族团结进步模范区创建条例（2021 年 3 月 1 日） | 第 1 条 | ……铸牢中华民族共同体意识…… |
| 宁夏回族自治区促进民族团结进步工作条例（2021 年 1 月 1 日） | 第 1 条 | ……铸牢中华民族共同体意识…… |
| 北川羌族自治县促进民族团结进步条例（2020 年 10 月 1 日） | 第 24 条 | 以铸牢中华民族共同体意识为主线…… |
| 西藏自治区民族团结进步模范区创建条例（2020 年 5 月 1 日） | 第 1 条 | ……铸牢中华民族共同体意识…… |
| 青海省促进民族团结进步条例（2019 年 5 月 1 日） | 第 3 条 | 坚持打牢中华民族共同体的思想基础…… |
| | 第 4 条 | ……铸牢中华民族共同体意识。 |
| 玉树藏族自治州民族团结进步条例（2017 年 6 月 2 日） | 第 3 条 | 坚持打牢中华民族共同体的思想基础…… |
| 海西蒙古族藏族自治州促进民族团结进步事业条例（2016 年 5 月 25 日） | 第 4 条 | 坚持打牢中华民族共同体的思想基础…… |
| 海南藏族自治州民族团结进步条例（2016 年 7 月 28 日） | 第 3 条 | 坚持打牢中华民族共同体的思想基础…… |
| 黄南藏族自治州民族团结进步条例（2016 年 5 月 1 日） | 第 3 条 | 坚持打牢中华民族共同体的思想基础…… |
| 果洛藏族自治州民族团结进步条例（2014 年 11 月 27 日） | 第 2 条 | 坚持打牢中华民族共同体的思想基础…… |

## （二）地方立法普遍将"中华民族共同体意识教育"纳入学校教育

各地立法普遍强调"将中华民族共同体意识教育纳入学校教育"，如《内蒙古自治区促进民族团结进步条例》第十五条规定："推动中华优秀传统文化教育常态化，把中华优秀传统文化融入思想道德教育、文化知识教育、艺术体育教育、社会实践教育，贯穿于学前教育、初等教育、中等教育、高等教育、职业教育、继续教育全过程。"新疆、云南、青海、贵州的条例中都有相关规定。《果洛藏族自治州民族团结进步条例》第十二条还规定"党校、中等专业学校、初高中教育，应当设置中国历史、民族史、地方史以及民族宗教政策和法律法规等方面的教育内容"。贵州省的条例中还规定"行政学院（校）、公务员培训机构应当将民族理论、民族政策、民族法律法规、民族基本知识纳入公务员培训内容。企业事业单位在培训员工时应当将民族政策、民族基本知识纳入培训内容"。《前郭尔罗斯蒙古族自治县民族团结进步条例》还规定"民族团结进步教育内容应当纳入村规民约、行业规范、职业操守等范畴"，将民族团结进步教育深入到了基层。《新疆维吾尔自治区民族团结进步工作条例》规定了"华侨、华人和留学生服务管理部门及单位应当加强海外新疆籍华侨、华人和留学生的民族团结宣传教育工作，维护祖国统一"，充分注意到发挥海外华侨、华人和留学生在促进民族团结进步事业中的重要作用。此外，北川羌族自治县的条例还规定了"自治县民族、宣传、教育等部门应当联合组织编写民族团结进步宣传教育读本"，阿坝藏族羌族自治州、甘孜藏族自治州的条例也有这一规定，这一措施值得其他地方参考和借鉴。

**（三）新近立法贯彻最新中央精神"树立和突出中华文化符号和中华民族形象"**

2019 年，习近平在全国民族团结进步表彰大会上的重要讲话中强调，"推动各民族文化的传承保护和创新交融，树立和突出各民族共享的中华文化符号和中华民族形象，增强各族群众对中华文化的认同"。"树立各民族共享的中华文化符号和中华民族形象"对增强中华文化认同、铸牢中华民族共同体意识、推动中华文化传承和发展，在国际舞台上树立中华民族良好形象、增强国际影响力意义重大。2019 年 12 月，中共中央办公厅、国务院办公厅印发《长城、大运河、长征国家文化公园建设方案》就是对这一中央精神的贯彻和执行。新疆维吾尔自治区、内蒙古自治区、西藏自治区、宁夏回族自治区的立法中都有这一规定。《新疆维吾尔自治区民族团结进步模范区创建条例》第十四条规定"推动中华文化符号和中华民族形象、民族特色元素进文化馆、博物馆、图书馆等公共文化机构,进基层文化场所,进旅游景区"。值得一提的是,2021年5月1日开始实施的《内蒙古自治区促进民族团结进步条例》更是专辟第二章规定了"促进中华文化认同和文化传承",其中不仅有"树立和突出各民族共享的中华文化符号和中华民族形象","全面加强国家通用语言文字教育,全面加强国家通用语言文字课程,全面推广国家通用语言文字"的规定,还有"深化中华民族共同体历史研究,挖掘整理内蒙古各民族交往交流交融的历史事实",以及"加强文物古籍保护、研究、利用,弘扬蕴含其中的民族团结进步思想内涵"的规定。最后这个条文的规定完整借鉴了习近平总书记2019年在内蒙古考察时的讲话内容,但是在法规表述中未包括"非物质文化遗产",条文表述如果将"加强文物古籍保护"改为"加强文物古籍、非物质文化遗产(或者文化遗产)保护"则更为准确、全面。

### (四)部分地方立法对"民族团结进步事业"的保障机制值得借鉴

各地立法大多建立了民族团结进步工作的领导责任制和年度目标责任考核制,将民族团结进步工作纳入绩效考核体系。内蒙古还规定了"应当将民族团结进步纳入国民经济和社会发展规划、年度计划(贵州同上),建立和完善民族团结进步工作长效机制","旗县级以上人民政府应当将民族团结进步工作所需经费列入本级财政预算"。《云南省民族团结进步示范区建设条例》规定"建立示范区建设省部联席会议制度",《贵州省促进民族团结进步条例》规定"省人民政府民族工作联席会议制度,定期听取民族工作和促进民族团结进步发展的意见和建议,制定政策措施,统筹研究解决民族地区经济社会发展的重大问题"。相较来说,贵州省的"民族工作联席会议制度"比云南省的"示范区建设省部联席会议制度"更为科学,涉及的工作范围更广,也更有利于建立促进民族团结进步的长效机制。此外,《海南藏族自治州民族团结进步条例》规定,"应当将民族团结进步事业纳入国民经济和社会发展规划，所需经费纳入财政预算，并根据国民经济发展水平逐年递增"；《黄南藏族自治州民族团结进步条例》规定"州、县人民政府应当每年将民族团结进步工作专项经费足额纳入财政预算，州级按人均1元、县级按人均4元标准核定，并根据国民经济发展水平逐年递增"。值得一提的是，果洛藏族自治州和海北藏族自治州还把民族团结进步事业的保障经费落实到了"乡、社区、村委会"一级，规定"按州、县、乡、社区、村委会不同标准列入财政预算"。甘孜藏族自治州还建立"纠纷解决的联动联调工作机制"和"涉民族利益相关事件的风险评估预防"制度，规定"自治州应当健全完善人民调解、行政调解、司法调解联动联调体系和工作机制，推进矛盾纠纷调处化解工作规范化、科学化、法治化，全力排查化解影响民族团结进步的各类矛盾纠纷"和"国家机关、企事业单位、社会组织对涉及各民族利益的重大决策、重大政策、重大改革、重大工程、重大活动，应当开展社会稳定风险评估，从源头上预防化解影响民族团结进步的各类风险隐患"，这些措施都值得参考借鉴。

### 三、各地"民族团结进步"立法中的不足

**（一）部分立法将"民族团结进步"事业局限于"民族团结创建"工作，缺乏促进民族团结进步的长效机制**

在现有的29部地方立法中，不同的立法体现出对"民族团结进步"与"民族团结进步模范（示范）区"关系的不同理解。云南和西藏的条例都以"民族团结进步示范区建设"命名，围绕着这一主题立法。新疆出台了两部条例，一部以"民族团结进步工作"命名，另一部以"民族团结进步模范区创建"命名。不同的立法模式反映了如下问题：第一，民族团结模范区创建工作是否为民族团结进步事业的全部？答案显然是否定的。民族团结进步创建活动是民族团结进步事业的载体之一，但不是全部。如果仅围绕"民族团结模范区创建工作"立法，很难建立促进民族团结进步事业发展的长效机制。以西藏自治区为例，整部法规围绕着"民族团结进步

模范区创建"立法，那么法规中的"组织保障"也仅仅保障模范区创建工作的实施，如第四十条规定"县级以上人民政府应当将民族团结进步模范区创建经费列入本级财政预算。对列为模范创建对象的，各级人民政府及其有关部门应当在政策、项目、资金等方面优先给予支持"，没有列入示范区的单位则在民族团结进步事业方面很难得到实质性的支持和保障，难以做到"在全社会不留死角地搞好民族团结宣传教育"。第二，"民族团结进步模范（示范）区建设条例"，顾名思义是规范民族团结进步示范（模范）区创建的整个过程，带有较强的政策意味，那么，如果创建工作完成了，或者"民族团结进步示范（模范）区建设"的提法被新的概念所取代，该法规的效力又当何去何从呢？第三，以新疆为例，如果同时对两项内容进行立法，那么该如何合理区分两部法规规范的内容从而不造成立法资源的浪费？新疆的两部条例中均规定了"自治区每五年评选一次民族团结进步模范，州（市、地）每三年，县（市、区）每两年评选一次"，内容基本上是重复的，且有其他重复的内容。宁夏回族自治区的条例虽然以"促进民族团结进步"命名法规，但法规的内容仍然采取的是"模范区创建"的思路，第四章"宣传教育"规定的是"加快民族团结进步教育基地标准化、多样化、特色化建设，建立自治区、市、县（区）三级民族团结进步教育基地体系，发挥教育基地在促进民族团结进步工作中的引领推动作用"，"组织学生开展民族团结进步专题教育和主题教育实践活动"；第五章以"示范创建"命名，整部法规仍然围绕着民族团结创建工作展开，事实上还是以"促进民族团结进步事业"之名开展"民族团结示范区创建"的工作。

### （二）自治州、自治县立法缺乏特色

地方立法受"宜粗不宜细"观念的影响，内容比较粗糙，相邻民族自治地方的立法相似度较高，大多是对上级立法内容的重申或重复，未能充分体现民族自治地方的特色。可操作性一般与地方特色的彰显程度相联系，缺乏地方特色必然会导致可操作性的困境。此外，自治州、自治县立法中程序性规制有限、软法色彩浓厚，进而导致上位立法和下位立法之间

功能分配机制的失效。在已有的各地立法中，仍有一些地方的细化规定值得借鉴，如《贵州省促进民族团结进步条例》规定"民族乡撤乡设镇或者民族乡与其他乡镇合并后，继续享受民族乡有关政策"，对实践中存在的自治县撤县改市、民族乡变动等问题作出了回应。迪庆藏族自治州在条例中规定"获得自治州人民政府授予的'民族团结进步模范'荣誉称号的个人，享受同级劳动模范的待遇"，具体化了民族团结模范的待遇问题。甘孜州的条例中规定"自治州应当建立健全多层次的资源开发利益共享机制，实行资源有偿使用和生态补偿制度，合理处理好国家、地方、企业、群众的利益关系，以多种方式依法参股，让资源开发惠及全州各族人民"。前郭尔罗斯蒙古族自治县的条例规定"自治县财政根据经济发展水平设立少数民族发展资金，确定适当规模，随财政收入的增长逐步增加，以保障民族团结进步事业各项工作的开展"，这些具有地方特色、可操作性强的立法条款值得借鉴。

### （三）对"国家通用语言文字"和"少数民族语言文字"关系认识不到位

我国《宪法》对"少数民族语言文字"和"国家通用语言文字"的规定体现在第四条和第十九条。现行《宪法》第四条第四款规定："各少数民族都有使用和发展自己的语言文字的自由……"《国家通用语言文字法》中在第四条和第八条分别规定了"公民有学习和使用国家通用语言文字的权利"和"各民族都有使用和发展自己的语言文字的自由"。《民族区域自治法》第十条规定："民族自治地方的自治机关保障本地方各民族都有使用和发展自己的语言文字的自由……"第四十九条规定："民族自治地方的自治机关教育和鼓励各民族的干部互相学习语言文字。汉族干部要学习当地少数民族的语言文字，少数民族干部在学习、使用本民族语言文字的同时，也要学习全国通用的普通话和规范汉字。"

从各地有关"民族团结进步"立法的相关规定来看，不同的立法主要采取三种模式：第一，未突出任何一种语言文字的地位，仅倡导性规定"各级人民政府……引导和鼓励各民族公民相互学习语言文字……各民族相互尊重语言文字……"，如拉萨市、察布查尔锡伯自治县、果洛藏族自治州、迪庆藏族自治州的立法；第二，将国家通用语言文字和少数民族语言文字同等对待，赋予"各民族公民……都有学习使用国家通用语言文字和本民族语言文字的权利……"，如凉山彝族自治州、北川羌族自治县、阿坝藏族羌族自治州、甘孜藏族自治州的立法；第三，突出和强化国家通用语言文字的地位，全面推广和普及国家通用语言文字，如内蒙古、新疆、西藏、云南的条例，其中尤以内蒙古的立法最为突出，使用三个"全面"："全面加强国家通用语言文字教育，全面加强国家通用语言文字课程，全面推广国家通用语言文字，推行使用国家统编教材"，并且"确保少数民族学生基本掌握和使用国家语言文字"。国家通用语言文字集各民族文化之大成，作为中华文化的重要标志，对于促进少数民族实现其经济、社会、文化权利具有重要意义，并且在铸牢中华民族共同体意识中发挥着重要作用，应当是当下民族团结工作中的重要内容。2021年教育部工作要点单列一节强调"发挥国家通用语言文字教育在铸牢中华民族共同体意识方面的作用"，强调坚定不移推广普及国家通用语言文字，全面加强国家通用语言文字教育教学，促进中华优秀语言文化传承弘扬；并且在工作措施中提出了"推动修订国家通用语言文字法，实施国家通用语言文字普及提升工程和推普助力乡村振兴计划，推进民族地区学前儿童普通话教育"。未来的各地立法应当积极贯彻和执行中央文件的精神，突出国家通用语言文字的地位，发挥通用语言文字在凝聚共识、铸牢中华民族共同体意识中的重要作用。

## 四、促进民族团结进步事业：用法律保障民族团结，铸牢中华民族共同体意识

### （一）将"铸牢中华民族共同体意识"的理念贯彻到民族团结进步地方立法之中

在党的十九大报告中，习近平总书记鲜明提出"铸牢中华民族共同体

意识"，并写入党章。2019 年全国民族团结进步表彰大会上，习近平总书记再次强调，实现中华民族伟大复兴的中国梦，就要以铸牢中华民族共同体意识为主线，把民族团结进步事业作为基础性事业抓紧抓好。这些论断，深刻揭示了铸牢中华民族共同体意识之于我国民族团结进步创建事业、民族事务工作、中华民族伟大复兴的重大意义。在民族团结工作、民族团结进步创建活动、民族团结进步地方立法中遵循"铸牢中华民族共同体意识"不仅是党和国家的根本意志和工作主线，更是对《宪法》中"民族团结"思想的深入贯彻和执行。在民族团结地方立法中，更是应该在立法指导思想、立法具体文本、民族团结进步活动载体等方面，全面深入地贯彻落实"铸牢中华民族共同体意识"这一新时代民族工作的主线，为铸牢中华民族共同体意识，从地方立法层面提供坚实的法治保障。

2020 年 1 月通过的《西藏自治区民族团结进步模范区创建条例》（以下简称《条例》），其第一条即开宗明义，强调制定该条例的立法目的是"为全面深入推进民族团结进步事业，巩固和发展平等团结互助和谐的社会主义民族关系，铸牢中华民族共同体意识，把西藏建成全国民族团结进步模范区"；第六条指出，民族团结进步模范区创建，是"以铸牢中华民族共同体意识为主线，以社会主义核心价值观为引领，以加强各民族交往交流交融为根本途径"；在《条例》第二章工作职责中，第十一条明确规定"铸牢中华民族共同体意识，让中华文化始终是西藏各民族的情感依托、心灵归宿和精神家园，西藏各民族文化是中华文化不可分割的一部分的思想深深扎根在群众心中"。可以说，该条例是我国民族团结进步地方立法中贯彻铸牢中华民族共同体意识的重大突破。2021 年 1 月通过的《内蒙古自治区促进民族团结进步条例》第五条规定，"促进民族团结进步，应当以铸牢中华民族共同体意识为主线，坚持中华民族多元一体格局，增进共性、促进一体，尊重差异、包容多样，引导各族群众树立正确的国家观、历史观、民族观、文化观、宗教观，加强各民族交往交流交融，促进各民族和睦相处、和衷共济、和谐发展"；并就"铸牢中华民族共同体意识"在文化、教育、经济社会发展领域的具体落实进行了深入、细致的规定。

**（二）以民族团结进步地方立法促进中华文化认同与传承，坚定不移推广普及国家通用语言文字**

"文化认同是最深层次的认同。文化认同的问题解决了，对伟大祖国、对中华民族、对中国特色社会主义道路的认同才能巩固。"❶ 文化认同，是指共同体成员之间或者共同体成员对其共同体中长期形成的文化理念和价值观念的一种承认与接受。未来民族团结进步的立法应当重视以下三个方面的内容。

第一，重视对中华民族共同体历史的挖掘、研究、传承和教育。2019年，习近平总书记在内蒙古考察时提出，"要加强对蒙古文古籍的搜集、整理、保护，挖掘弘扬蕴含其中的民族团结进步思想内涵，激励各族人民共同团结奋斗、共同繁荣发展"。2020年5月11—12日，习近平总书记在山西考察时再次强调："要深入挖掘云冈石窟蕴含的各民族交往交流交融的历史内涵，增强中华民族共同体意识。"对"中华民族共同体历史"的研究、教育是铸牢中华民族共同体事业的重要保障，正如保罗·康纳顿所说，"任何社会秩序的参与者必须具有一个共同的记忆"，"我们对现在的体验，大多取决于对过去的了解；我们有关过去的形象，通常服务于现存秩序的合法化"❷。对"中华民族共同体历史"的强调应当包含两个方面：一方面是充分挖掘各民族历史中各民族交往交流交融的历史，塑造中华民族共同的历史记忆；另一方面是重视少数民族文化遗产的传承和保护，通过文化遗产保护运动促进作为地方性知识的"少数民族文化"向作为中华文化的"公共文化"的转型。中华民族共同体意识的培养依赖全体公民享有共同的历史、共同的文化认同、精神寄托；文化遗产保护运动，就是巩固这一共同记忆的过程，这其中蕴含着国家发展和振兴的全部精神力量。

第二，树立和突出各民族共享的中华文化符号和中华民族形象。2014年中央民族工作会议明确指出，"加强中华民族大团结，长远和根本的是

---

❶ 在相互尊重中增进各民族对中华文化的认同［EB/OL］.（2014–12）［2021–02–10］.国家民族事务委员会官网.https：//www.neac.gov.cn/seac/c100532/201412/1086966.shtml.

❷ 康纳顿.社会如何记忆［M］.纳日碧力戈，译.上海：上海人民出版社，2000：3-4.

增强文化认同"；2019 年全国民族团结进步表彰大会上习近平总书记再次强调，要"推动各民族文化的传承保护和创新交融，树立和突出各民族共享的中华文化符号和中华民族形象，增强各族群众对中华文化的认同"。要通过民族团结进步地方立法，树立中华文化是各族人民情感依托、心灵归宿和精神家园的理念；要在民族团结进步地方立法中，明确规定各级人民政府弘扬中华优秀传统文化、革命文化、社会主义先进文化的责任；通过文化遗产保护，文艺产品质量提升，各民族交往交流交融历史挖掘，创新民族团结载体形式、文化产业发展等途径，树立和突出各民族共享的中华文化符号和中华民族形象。同时，发挥地方立法的规范、引导与评价功能，巩固中华文化是各民族文化的集大成，各民族文化为中华文化的有机组成部分的文化认知理念；保护、传承和发展民族优秀传统文化，为各民族优秀文化的交流与沟通搭建桥梁，促进各民族文化的互相欣赏借鉴、融合发展。

第三，重视国家通用语言文字在铸牢中华民族共同体意识中的重要作用。作为国家通用语言文字的普通话和规范汉字，既是中华文化绵延发展的语言文字载体，也是各民族共享的中华文化符号和中华民族形象。因此，我们有必要在民族团结地方立法中，落实国家通用语言文字法中规定的"地方各级人民政府及其有关部门应当采取措施，推广普通话和推行规范汉字"的政府责任，提升各族人民"学习和使用国家通用语言文字的权利"，并通过"学习和使用国家通用语言文字"的权利享有，提升各族人民的受教育权、就业和工作权、文化权利享有水平，巩固铸牢中华民族共同体意识的心理基础、文化根基。

**（三）建立区域间促进民族团结进步事业的合作协同机制，以法律保障民族团结**

随着国家经济社会的发展，各民族公民因学习、就业、工作、旅游等交流、交往愈加频繁，民族团结进步事业中的区域协调工作显得更为重要。目前的各地立法中，青海省、新疆维吾尔自治区、北川羌族自治县、黄南藏族自治州关注到了促进民族团结进步事业中区域协调的重要性，但对此强调仍然不够。《青海省促进民族团结进步条例》第十四条规定了"各级人民政府应当建立人口流出地与流入地信息互通制度，加强法治宣传、就业指导、子女入学、矛盾化解、法律援助等服务，做好流动人口服务和管理工作……建立少数民族流动务工人员对接和工作交流合作机制"；《新疆维吾尔自治区民族团结进步工作条例》第二十二条规定了"流动人口服务和管理部门应当建立和完善流入地管理为主、流出地积极配合的管理工作机制，逐步实现流动人口基本公共服务均等化；加强对流动人口的民族团结宣传教育，促进社会和谐稳定"，这是贯彻"促进各民族交往交流交融"的重要保障，为少数民族更好地融入城市生活提供了保障。《黄南藏族自治州民族团结进步条例》第六条规定了"建立毗邻地区民族团结进步共创共建机制"，但在地方政府规章中并未对该机制进行细化的规定。区域协调合作机制在促进民族团结进步事业中大有可为，如在中华民族共同体历史的挖掘、研究中，毗邻地区尤其应当加强合作、联系和交流，共同挖掘、整理各民族交往交流交融的历史，共同组织编写民族团结进步教育的读本，在讲述中华民族的演进历史时达成基本共识。此外，在树立和突出"各民族共享的中华文化符号和中华民族形象"工作中，区域合作机制将在未来长征、黄河、大运河国家文化公园的建设工作中发挥重要作用。

**（四）适时出台国家层面的民族团结进步立法，统筹民族团结进步事业的发展**

民族团结进步事业是社会主义事业的重要组成部分，也是中华民族伟大复兴的重要保障。目前，全国 442 个可以制定"民族团结进步"立法的地方仅有 29 部法规，缺乏国家层面立法的推动，地方立法的速度和进展都比较慢。国家层面出台民族团结进步立法的必要性可以从以下三个方面理解：第一，民族团结进步事业与国家安全息息相关。我国大多数民族自治地方分布在边疆地区。随着国家发展的加快，沿着边境线的少数民族地区开放程度也越来越大，不稳定因素随之增多。因此，尤其应当重视国家安全体系的建设，民族团结事业就是其中重要一环。第二，促进民族团结进步事业是一项长期的社会工程，需要标本双向发力。"标"指民族团结进步创建工作、民族团结模范表彰等，"本"是指各民族经济、社会的全面可持续发展，其中需要国家力量的充分介入，完善对口支援、民族优惠政策，促进不同地区的协作，推动各民族共同奋斗、共同繁荣发展。第三，已有的地方立法存在对中央民族工作最新精神理解不到位或者在国家层面尚未出台法律达成共识，地方对某些问题把握不准确从而呈现的立法上保守主义的倾向。因此，国家层面应当适时出台促进民族团结进步事业的法律，统筹整个民族团结进步事业的发展。

# 第三章 铸牢中华民族共同体意识的
文化法治实践

# 第一节　铸牢中华民族共同体意识的
## 文化法治路径

## 一、文化法治：铸牢中华民族共同体意识的发力点与潜力空间

2021 年的中央民族工作会议，将铸牢中华民族共同体意识进一步明确为新时代党的民族工作的主线，强调"铸牢中华民族共同体意识是新时代党的民族工作的'纲'，所有工作要向此聚焦"，并且从"全面推进中华民族共有家园建设""推动各民族共同走向社会主义现代化""促进各民族交往交流交融""提升民族事务治理体系和治理能力现代化水平""坚决防范民族领域重大风险隐患"等方面就铸牢中华民族共同体意识在具体民族事务工作中的进一步开展与实践进行了全面部署。❶

而在全面深化依法治国的大背景下，要提升民族事务治理体系和治理能力现代化水平，就必须坚持依法治理民族事务，"法律是治国之重器、法治是国家治理体系和治理能力的重要依托"❷；"要善于运用法治思维和法治方式推动工作，发挥好法律法规的规范、引导、保障作用"❸。也正因为如此，我们党关于加强和改进民族工作的重要思想的十二个坚持中，第十个坚持即是"必须坚持依法治理民族事务"。实际上，铸牢中华民族共同体意识的诸多实践路径与实践场域，本身就需要科学完备的法律法规体系加以规范；同时也需要以法治作为其坚实的保障。

---

❶　习近平在中央民族工作会议上强调 以铸牢中华民族共同体意识为主线 推动新时代党的民族工作高质量发展 [J]. 中国民族，2021（8）：6.

❷　习近平. 关于《中共中央关于全面推进依法治国若干重大问题的决定》的说明 [N]. 人民日报，2014–10–29.

❸　习近平：论坚持全面依法治国 [M]. 北京：中央文献出版社，2020：39.

也正因为如此，铸牢中华民族共同体意识的法治保障，作为铸牢中华民族共同体意识的重要实践路径，成为民族事务实务界和理论界共同关注的主题。如中央统战部原部长尤权指出，"以铸牢中华民族共同体意识为衡量标准，顺应时代发展要求，及时稳慎健全完善民族政策和法律法规体系。根据不同地区、不同民族实际，以公平公正为原则，兼顾民族因素和区域因素，突出区域化和精准性。坚持在法治轨道上治理民族事务，维护社会主义法制统一和法治尊严，依法保障各族群众合法权益"❶。在全国人大常委会法制工作委员会主任沈春耀所作的《全国人民代表大会常务委员会法制工作委员会关于 2021 年备案审查工作情况的报告》中，也指出有的民族自治地方民族教育条例存在合宪性问题。❷而学界关于铸牢中华民族共同体意识法治保障的研究，则主要集中于维护宪法权威、民族区域自治法的修改与完善、民族团结进步地方立法、完善地方立法等内容❸，或者是从"立法工作、法律实施、效能评估、民族事务、普法宣传"等立法、执法、司法、守法等法治具体环节的维度，探索铸牢中华民族共同体意识法治保障的具体路径。❹

总体而言，学界关于铸牢中华民族共同体意识法治保障的讨论，目前还停留在比较宏观的视角，一定程度上也不能适应依法治理民族事务、推

❶ 尤权.做好新时代党的民族工作的科学指引——学习贯彻习近平总书记在中央民族工作会议上的重要讲话精神 [J].求是，2021（21）：53.

❷ 沈春耀："国务院有关主管部门对有的民族自治地方民族教育条例等法规提出合宪性审查建议，认为条例中的有关规定存在合宪性问题，不利于促进民族交往交流交融。我们审查认为，宪法和有关法律已对推广普及国家通用语言文字作出明确规定，包括民族地区在内的全国各地区应当全面推行国家通用语言文字教育教学，有关法规中的相关内容应予纠正。经沟通，制定机关已废止有关法规。"参见沈春耀的《全国人民代表大会常务委员会法制工作委员会关于 2021 年备案审查工作情况的报告》（npc.gov.cn）。

❸ 参见宋才发《铸牢新时代中华民族共同体的法治基础》，郑毅《〈宪法〉民族团结义务条款的规范研究》，宋婧、张立辉《铸牢中华民族共同体意识的法治保障研究》，叶强《铸牢中华民族共同体意识的地方立法路径及完善》等相关研究。

❹ 边巴拉姆.铸牢中华民族共同体意识法治保障的西藏实践与完善路径 [J].中国藏学，2022（3）：141–150.

进民族事务治理现代化的紧迫现实需求。另外，关于铸牢中华民族共同体意识法治保障的具体内容和领域的探讨，也多少有同质化的情况，缺乏足够新意。笔者以为，关于这一主题的讨论，第一，有必要直面紧迫的现实需求，充分掌握现实民族事务治理对于法治保障的需求；第二，需要深入了解哪些领域可以起到弥补短板重点发力的作用，做到精准发力；第三，要坚持稳中求进，要考虑到民族工作法律法规体系的完善是一个系统工程，不能急于求成，而是要充分注意策略性和操作性。

鉴于此，笔者以为，相比于我们平时讨论比较多的民族区域自治制度的发展与完善、民族团结进步立法等焦点议题，文化法治实际上同样可以成为一个铸牢中华民族共同体意识法治保障乃至整个铸牢中华民族共同体意识工作的重要发力点，甚至可以说是相对比较容易突破的一个领域。"纵观我国现行的文化法治体系，可以说，在坚持正确的中华民族历史观、强调中华民族共有文化的整体性、树立和突出各民族共享的中华民族文化符号和中华民族形象等方面，还有很大的潜力和空间。" ❶

文化法治，乃至文化维度，虽然不像其他制度或者维度那么引人注目，但对于铸牢中华民族共同体意识而言，不可或缺甚至至关重要。"文化是一个民族的魂魄，文化认同是民族团结的根脉。" ❷ 因此，中国共产党关于加强和改进民族工作的重要思想中，"五个认同"、坚持正确的中华民族历史观、构筑中华民族共有精神家园、"促进各民族在理想、信念、情感、文化上的团结统一"等内容，以及在铸牢中华民族共同体意识的具体实践路径中，"推进中华民族共有精神家园建设"，"逐步实现各民族在空间、文化、经济、社会、心理等方面的全方位嵌入"，"守住意识形态阵地，积极稳妥处理涉民族因素的意识形态问题，持续肃清民族分裂、宗教极端思想流毒" ❸，实际上均同文化有关，也均需要文化法治的规范、引导

❶ 常安.依法治理民族事务、铸牢中华民族共同体意识的法治保障 [J].中华民族共同体研究，2022（创刊号）：161.

❷ 习近平.在全国民族团结进步表彰大会上的讲话 [N].人民日报，2019-09-28.

❸ 新华社.习近平在中央民族工作会议上强调 以铸牢中华民族共同体意识为主线 推动新时代党的民族工作高质量发展 [J].中国民族，2021（8）：4-6.

与保障。

因此，本节拟从铸牢中华民族共同体意识视域下的中华文化传承与保护、中华民族符号和中华文化形象的法治保障、基本公共文化服务法治与各民族全方位嵌入、涉民族因素风险防控与文化安全法治四个方面，思考如何在文化法治建设中进一步贯彻落实铸牢中华民族共同体意识的主线地位，或者说是如何通过文化法治建设来夯实铸牢中华民族共同体意识的实践根基。

## 二、经由文化法治的铸牢中华民族共同体意识实践路径

有学者认为，"文化法治，是指文化主管部门以法治方式和手段管理文化领域的各项事务，调整文化领域的各种社会关系，实现引导、规范和促进文化健康、持续、繁荣、有序发展，保障和落实公民的文化权利的活动"❶；虽然无论是文化概念还是法治概念，其思想史论争都浩如烟海，难以达成共识，但对于文化不仅仅是一项公民基本权利同时也是国家治理的重要内容，法治可以为国家文化发展提供重要的支撑和保障、文化法治建设首先需要建立完备的文化立法体系等内容则无异议。习近平总书记指出，"铸牢中华民族共同体意识，就是要引导各族人民牢固树立休戚与共、荣辱与共、生死与共、命运与共的共同体理念"❷。具体到文化法治，作为铸牢中华民族共同体意识的实践路径，可从法治方面对中华文化传承保护、增进基本公共文化服务、树立和突出中华民族符号和中华文化形象、确保文化与意识形态安全等方面，给予坚实的法治保障。

铸牢中华民族共同体意识，需要强大的物质、经济力量支撑；但从长远和根本来讲，还需要增强中华文化认同，"文化认同是最深层次的认同。文化认同的问题解决了，对伟大祖国、对中华民族、对中国特色社会主义道路的认同才能巩固"❸；因此，必须在文化法治层面，以铸牢中华民族共

---

❶ 熊文钊.文化法治体系的建构［M］.北京：中国社会科学出版社，2021：241.

❷ 习近平在中央民族工作会议上强调 以铸牢中华民族共同体意识为主线 推动新时代党的民族工作高质量发展［J］.中国民族，2021（8）：5.

❸ 国家民族事务委员会.中央民族工作会议精神学习辅导读本［M］.北京：民族出版社，2015：249.

同体意识为主线，重视保护中华民族文化的整体性、正确把握中华文化和各民族文化的关系，确立"中华文化是主干，各民族文化是枝叶，根深干壮才能枝繁叶茂"的文化法治保护理念。铸牢中华民族共同体意识，需要在基本公共文化服务等各民族交往交流交融的具体场域，进一步促进"各民族在空间、文化、经济、社会、心理等方面的全方位嵌入"❶，进而，在基本公共文化服务法治建设方面，也需要进一步朝增进中华民族共同性去努力。人是符号的动物，促进中华文化认同、铸牢中华民族共同体意识，还需要树立和突出各民族共享的中华文化符号和中华民族形象；将中华文化视觉化、具象化地表达出来，从"符号—认同"的文化过程视角，发挥文化符号的认同巩固作用；在文化法治层面，也必须加强国家象征、国家公园、国家地理标识、国家文化遗产、国家通用语言文字等中华文化符号和中华民族形象的法治保护。安全，是一个共同体生存和发展的基本前提；铸牢中华民族共同体意识，也同样必须考虑安全尤其是文化安全问题；在2021年中央民族工作会议上，习近平总书记强调，"必须坚决维护国家主权、安全、发展利益……要坚决防范民族领域重大风险隐患"❷；在文化法治方面，也同样需要从立法、执法、司法等方面全面发力，确保正确的中华民族历史观得以弘扬，持续肃清民族分裂、宗教极端思想流毒，确保文化和意识形态安全。

1. 明确铸牢中华民族共同体意识在文化法治中纲的地位，促进中华文化传承

五千年灿烂的中华文化，是中华各民族共同创造的；中华文化，是中华各民族文化的集大成者，也是中华各族人民认同中华民族的文化根基；中华文化的传承发展，对于中华民族共同体的巩固与凝聚、中华民族伟大复兴目标的实现，具有战略性的意义。"一个民族共同体，正是通过传承

---

❶　习近平在中央民族工作会议上强调 以铸牢中华民族共同体意识为主线 推动新时代党的民族工作高质量发展 [J]. 中国民族，2021（8）：6.

❷　习近平在中央民族工作会议上强调 以铸牢中华民族共同体意识为主线 推动新时代党的民族工作高质量发展 [J]. 中国民族，2021（8）：5-6.

共同的民族文化，才完成并实现了民族要素的积累和社会的整合，最终结成为稳定的人类共同体的。"❶ 讨论铸牢中华民族共同体意识的文化法治实践路径，首先需要明确铸牢中华民族共同体意识在文化发展与文化法治建设中纲的地位，以法治的方式增进中华文化认同、促进中华文化传承。

无须讳言，我国的文化法治建设尽管取得了巨大成绩，但包括国家层面的文化立法数量仍然偏少，内容也相对滞后，与我国快速发展的文化事业并不适应，也不利于铸牢中华民族共同体意识这一国之大计的实施。❷ 从国家文化立法层面讲，不管是《文物保护法》，还是《非物质文化遗产法》，尽管历经多次修改，在立法语言中也有"继承中华民族优秀的历史文化遗产"（《文物保护法》第一条）、"为了继承和弘扬中华民族优秀传统文化"（《非物质文化遗产法》第一条）等表述，但其主要定位，还是国家相关职能部门在文化保护和非物质文化遗产的具体管理工作，甚至有学者认为上述法律"在很大程度上都可以看作行政法的范畴，因为它们主要是从规范政府对文化遗产的保护和管理工作出发，规定文化遗产保护的范围、原则和措施，文化遗产行政主管部门的职责和权限"❸。而实际上，诸如《文物保护法》《非物质文化遗产法》等文化立法，一方面在铸牢中华民族共同体意识、促进中华文化认同与传承方面发挥更大的作用，另一方面也非常有必要在立法宗旨的语言书写与具体法律实施中加强铸牢中华民族共同体意识的自觉意识，尤其是可以参照 2022 年最新修改的《地方各

❶ 赵世林.论民族文化传承的本质 [J].北京大学学报（哲学社会科学版），2002（3）：11–12.

❷ 即使在学界，也是讨论文化变迁和转型多，讨论文化传承少，参见胡安宁.社会学视野下的文化传承：实践—认知图式下的分析框架 [J].中国社会科学，2020（5）。该文指出："尽管文化的传承性与稳定性被学者们普遍认可，但长期以来，对于文化传承这一论题本身却鲜有系统考察，一些根本性问题仍有进一步思考的空间……相较于文化变迁，社会学研究长期以来对于文化传承问题缺少系统的考察。"另外，在讨论文化传承时，也往往是讨论地域文化和某一民族文化传承多，讨论中华文化传承少。参见知网以"文化传承"为主题的检索结果。

❸ 熊文钊.文化法治体系的建构 [M].北京：中国社会科学出版社，2021：399.

级人民代表大会和地方各级人民政府组织法》中"地方人大与政府职权"
部分增加的"铸牢中华民族共同体意识，促进各民族广泛交往交流交融，
保障少数民族的合法权利和利益"这一立法行为所具备的巨大立法示范意
义与立法效益空间。

　　在文化法治的地方实践过程中，同样需要进一步明确铸牢中华民族共
同体意识的"纲"的地位，将铸牢中华民族共同体意识贯穿到文化法治建
设的全过程，要坚持正确的中华民族历史观，正确处理中华文化和各民族
文化的关系，正确处理中华民族共同体意识和各民族意识的关系。例如，
可通过地方历史文化立法，加强对反映祖国统一、体现各民族交往交流交
融、各民族共同奋斗的文化遗产保护；可从地域文化、少数民族文化中归
纳、提炼、抽象具有各民族共同性的元素，并给予相应的法治保障。在非
物质文化遗产保护的实践中，从促进中华文化认同、铸牢中华民族共同体
意识的高度，将少数民族非物质文化遗产整合入中华文化整体性的意义和
编码体系，挖掘其中各民族交往交流交融、共同形成中华文化的历史过程
与文化意涵，并从中华文化整体性的视野中理解少数民族非物质文化遗产
保护的意义。同时，必须指出的是，保护地域性的或者少数民族文化，是
"以不削弱、不危害共同性为前提，保护差异是需要的，但不能固化强化
其中落后的、影响民族进步的因素……针对一些过度凸显民族差异性、弱
化共同性的问题，一些与实际不匹配、与发展不适应的工作模式，要立
足实际按照增进共同性的方向改进"❶。例如，部分地方的民族文化保护立
法、民族语言文字保护立法、民族教育立法，在特定的历史条件下，偏向
于强调多样性和差异性，存在着立法尺度过宽、对共同性和差异性关系
处理失当、对国家通用语言文字与少数民族语言文字关系认识不清晰的情
况。因此，在改革开放的深入推进、社会主义市场经济的不断深化、各地
区各民族跨区域流动越来越普遍、铸牢中华民族共同体意识的现实性越来
越紧迫的情况下，就需要根据铸牢中华民族共同体意识的整体需求，朝促

---

　　❶　国家民族事务委员会 . 中央民族工作会议精神学习辅导读本 [M]. 北京：民族
出版社，2015：69.

进中华文化传承、增进中华民族共同性的方向进行适时调整。

作为我国目前唯一一部民族工作领域的基本法的《民族区域自治法》，其发展与完善同样有必要根据习近平总书记关于铸牢中华民族共同体意识的重要论述、2018 年"中华民族"入宪的基本精神和我国民族工作所面临的新的阶段性特征与挑战的回应要求，在铸牢中华民族共同体意识、促进中华文化传承与认同中发挥重要作用。现行《民族区域自治法》，颁布于1984 年，修改于 2001 年。在该法中，共有 19 处提到文化，其中大部分是指"民族文化"❶，这是民族区域自治权在文化领域的重要体现，对保护少数民族文化起到了重要的作用；但我们必须意识到，"各民族优秀传统文化都是中华文化的组成部分，中华文化是主干，各民族文化是枝叶，根深干壮才能枝繁叶茂"❷。民族区域自治制度作为我国的基本政治制度，民族区域自治法作为民族工作领域的基本法，民族自治机关作为一级地方机关，铸牢中华民族共同体意识、促进中华文化传承与认同，同样是其必须肩负起来的光荣使命。

2. 夯实公共文化服务保障法治，加强各民族交往交流交融

建设公共文化设施、供给公共文化产品、举办公共文化活动，是公民基本文化权益享有水平的重要体现，是国家文化事业发展的显著标志，是我国文化政策"以人民为中心"的社会主义属性的本质凸显，同样可以成为铸牢中华民族共同体意识实践路径的一个巨大发力空间。《公共文化服务保障法》第一条开宗明义其立法宗旨："为了加强公共文化服务体系建设，丰富人民群众精神文化生活，传承中华优秀传统文化，弘扬社会主义核心价值观，增强文化自信，促进中国特色社会主义文化繁荣发展，提高全民族文明素质，制定本法。"实际上，公共文化服务的法治保障不仅可

---

❶ 如"民族自治地方的自治机关继承和发扬民族文化的优良传统，建设具有民族特点的社会主义精神文明……"（第六条）、"民族自治地方的自治机关自主地发展具有民族形式和民族特点的文学、艺术、新闻、出版、广播、电影、电视等民族文化事业……"（第三十八条）。

❷ 习近平在中央民族工作会议上强调 以铸牢中华民族共同体意识为主线 推动新时代党的民族工作高质量发展 [J]. 中国民族，2021（8）：6.

以促进中华优秀传统文化的认同与传承，还可以成为促进各民族交往交流交融、形塑各民族集体记忆、增进共同性的一个基层渠道。例如，公共文化设施，本身即可成为促进各民族交往交流交融、各民族共同构筑中华民族共有精神家园的实践空间；公共文化服务的提供，其提供本身有利于增进各族人民对于党和国家的认同感和向心力；提供的过程同样可以成为各民族文化心理相互嵌入、共同创造新的集体记忆的实践过程。

国家履行给付义务，为公民提供包括公共文化服务在内的公共服务，从公民基本权利实现模式的角度讲，是公民基本权利之积极权利面向的体现；从国家治理的层面，则是将公共服务作为"形塑'积极的公民身份'、促进各民族交往交流交融、构筑共有精神家园的重要载体，能够为国家认同的建构积聚政治认同、社会认同和文化认同"❶。我国为各族人民尤其是基层偏远地区群众提供公共文化服务，是以人民为中心的社会主义文化政策的体现，也是社会主义的统一的多民族国家制度优越性的体现；而从铸牢中华民族共同体意识的实践路径角度来讲，对于各族人民尤其是基层偏远地区的群众基本公共文化服务享有的水平提升，不但是其文化权利的有效保障，还可以通过文化权利的保障提升受教育权、劳动权、经济权利等方面的权利保障水平，如边疆地区覆盖所有行政村的文化书屋，可以在满足基层群众精神文化需求的同时，也为其职业技能培训助力。公共文化服务权利保障的过程是公民对"国家的在场"的直接感知渠道，公共文化权利享有水平的提升和相应的民生福祉改善更是国家认同塑造的有效手段。

《公共文化服务保障法》第十四条规定："本法所称公共文化设施是指用于提供公共文化服务的建筑物、场地和设备，主要包括图书馆、博物馆、文化馆（站）、美术馆、科技馆、纪念馆、体育场馆、工人文化宫、青少年宫、妇女儿童活动中心、老年人活动中心、乡镇（街道）和村（社区）基层综合性文化服务中心、农家（职工）书屋、公共阅报栏（屏）、广播电视播出传输覆盖设施、公共数字文化服务点等。"就铸牢中华民族

---

❶ 李俊清，付秋梅.在公共服务中感知国家——论铸牢中华民族共同体意识的公共文化服务路径［J］.公共管理与政策评论，2022（3）：10.

共同体意识的实践路径而言，公共文化设施，既是公民基本文化权利享有的载体，也是各民族交往交流交融、心理和文化互嵌的公共空间。有学者指出，"作为一个抽象概念，中华民族共同体难以被实际感知，需要借助特定媒介实现具象化，以便于国民进行'视、听、触、感'。以公共空间为支撑构建起的公共传播机制，发挥了沟通社会各阶层、培育市民社会的功能，为构筑中华民族共同体意识的现代性认同奠定了基础"❶；也就是说，铸牢中华民族共同体意识，除了作为一种学理的探讨，更需要通过公共文化设施这样的公共空间来具体化、情境化、生活化。如果说对口支援、民族教育异地办学等政策属于宏观层面的铸牢中华民族共同体意识的公共空间整合❷；那么，各民族公民在图书馆、博物馆、文化馆、各类文化服务中心等公共空间的共学共乐，则是从微观层面铸牢中华民族共同体意识的社会空间整合。甚至从某种意义上来讲，正是依托于公共文化设施这样的空间场域，各民族基层群众才能够共同参与到公共文化生活之中，实现生活上的互动交流、情感上的相互黏合、文化上的融合创新。而各民族交往交流交融、共筑中华民族共有精神家园，以及对中华民族共同体的归属感和认同感，也由此以一种基层化、日常化、自然化的方式得以巩固。因此，《公共文化服务保障法》用整整一章十三条的篇幅对于公共文化设施的规定，虽然主要侧重于公共文化设施的规划、建设、安全管理等技术层面，但在铸牢中华民族共同体意识的大背景下，我们应该充分重视公共文化设施作为各民族公民交往交流交融、生活文化心理充分互嵌的公共空间场域功能。各级地方政府一方面应当根据《公共文化服务保障法》履行建设公共文化设施、提供公共文化服务的法律责任；另一方面，要在公共文化设施建设规划和公共文化服务提供过程中具备铸牢中华民族共同体意识的政治自觉。

---

❶ 刘春呈.铸牢中华民族共同体意识视域下的公共空间再造［J］.新疆大学学报（哲学人文社会科学版），2022（2）：72.

❷ 严庆，于欣蕾.铸牢中华民族共同体意识的社会空间整合视角［J］.西北民族研究，2021（3）：5.

2021 年中央民族工作会议指出，要"加强现代文明教育，深入实施文明创建、公民道德建设、时代新人培育等工程，引导各族群众在思想观念、精神情趣、生活方式上向现代化迈进"❶。这是国家对民族地区文化建设工作提出的新的要求，也是构筑中华民族共有精神家园的必由之路。在这方面，公共文化服务体系建设及其法治保障同样可以成为重要的载体；而公共文化服务保障法治中所奉行的基本公共服务均等化原则，本身即是现代意识、公民意识、法治意识的典型体现。

3. 加强"中华文化符号"和"中华民族形象"的法治保障

"树立和突出各民族共享的中华文化符号和中华民族形象，就是要将中华文化特征、中华民族精神、中国国家形象，通过建筑、美术、标识、影视、艺术表演等媒介具象化地表达出来，构建完整、系统的视觉表达体系，使之成为铸牢中华民族共同体意识的重要载体。"❷树立和突出各民族共享的中华文化符号和中华民族形象对于铸牢中华民族共同体意识之所以重要，是因为人是符号的动物，符号构成了共同体及其成员的文化心理关联；特定的共同体文化符号和民族形象，是对一个共同体历史记忆、文化精神的高度抽象和符号化表达，它使得文化、历史这些看似离共同体成员日常生活比较遥远的内容可以以符号、象征的形式被共同体成员所感知、接受和认同，并进一步巩固、凝聚共同体成员对于共同体的文化心理认同。同时，共同体成员经由特定的共同体文化符号和形象共享，能够进一步增进"休戚与共、荣辱与共、生死与共、命运与共"的情感依存。

树立和突出各民族共享的中华文化符号和中华民族形象，离不开法治的保障。现代国家是法治国家，法治可以以国家法律、法规的权威记载和普遍适用的法律效力，为特定的文化符号和民族形象提供权威认证；并且通过组织化的社会传播、整合机制，使特定的文化符号和民族形象"被国

---

❶ 习近平在中央民族工作会议上强调 以铸牢中华民族共同体意识为主线 推动新时代党的民族工作高质量发展 [J].中国民族，2021（8）：6.

❷ 国家民族事务委员会.中央民族工作会议精神学习辅导读本 [M].北京：民族出版社，2015：96.

家范围内的广大社会成员所接受和内化，从而形塑成为全体国民的共享文化"❶。因此，通过国家法律尤其是一国根本大法——《宪法》规定国旗、国歌、国徽、首都、国家通用语言文字等国家象征标识，便成了世界各国的惯常做法。❷在我国，五星红旗、国徽、《义勇军进行曲》等国家象征，记载着中华民族几千年灿烂的历史文化。近代以来不屈不挠的现代化国家建设历程，也激励着中华各族人民在中国共产党的领导下，共同进行社会主义现代化国家建设。

因此，诸如"天安门、故宫、长城等国家建筑标识""秦岭、珠峰等地理标识"，以及几千年中国各族人民创造的丰富的中华优秀传统文化遗产，都是树立和突出各民族共享的中华文化符号和中华民族形象的素材来源。❸而国家的文物保护立法、非物质文化遗产保护立法、地理标志立法、地名管理立法、历史文化名城名镇名村保护立法等，均可为上述中华文化符号和中华民族形象提供坚实的法治保障。例如，《地名管理条例》第四条明确规定，"地名管理应当有利于维护国家主权和民族团结，有利于弘扬社会主义核心价值观，有利于推进国家治理体系和治理能力现代化，有利于传承发展中华优秀文化"。随着国家文化公园作为中华文化符号和中华民族形象载体功能的进一步发挥，如何以法治的方式为国家文化公园建设保驾护航，确保国家文化公园实现"好看"与"好用"的双赢，实现国家认同塑造与区域协调发展的并重，便成了铸牢中华民族共同体意识相关文化工程建设中必须面临的命题。"我国国家文化公园建设涉及文化和旅

❶ 范俊.论中华民族共同体建设的文化符号机制 [J].广西民族研究，2021（2）：11.

❷ 在《成文宪法的比较研究》中，作者对于宪法的国家建设职能的主要探讨即为"宪法所包括的想要点燃民族团结感、集体主义和对国家、民族的献身精神的规定的内容"，并分析了国家象征、国家历史叙事等具体规定。参见亨利·范·马尔赛文，格尔·范·德·唐.成文宪法的比较研究 [M].陈云生，译.北京：华夏出版社，1987：274-282.

❸ 国家民族事务委员会.中央民族工作会议精神学习辅导读本 [M].北京：民族出版社，2015：97-98.

游、文物、发展与改革、自然资源、城乡建设等多个部门的职权，更涉及区域内各级政府在文化遗产保护、开发和利用等方面的行政协作。"❶ 对此，可通过探索区域协同立法等方式，更好地发挥国家文化公园在铸牢中华民族共同体意识、促进各民族交往交流交融、增进中华文化认同方面的作用。

"中华文化符号和中华民族形象要起到引领、校准、规范、教化等重要的政治和社会作用，必须以习近平新时代中国特色社会主义思想为指导，以社会主义核心价值观为引领，从革命文化和社会主义先进文化中提炼中华文化符号和中华民族形象。"❷ 伟大的革命精神、各类红色文化资源，记载了中国共产党带领全国各族人民进行可歌可泣的革命斗争历程，在现代中国国家建设中具有历史性的意义，也必将在铸牢中华民族共同体意识中发挥重要作用。因此，对于诸如英雄烈士精神这样的"中华民族的共同历史记忆和社会主义核心价值观的重要体现"，必须依法予以保护，通过法律"对英雄烈士予以褒扬、纪念，加强对英雄烈士事迹和精神的宣传、教育，维护英雄烈士尊严和合法权益"，也是对中华民族伟大精神法治保障的题中之义。另外，面对"红色文化遗存保护现状有待改善、各地对大量非文物的红色文化遗存保护重视不够、相关从业人员素质参差不齐等现实问题"❸，也有必要从铸牢中华民族共同体意识、树立和突出各民族共享的中华文化符号和中华民族形象的政治高度，加快红色文化资源保护国家立法进程，同时充分发挥民族团结进步地方立法、历史文化保护地方立法在红色文化资源保护中的作用。

"作为国家通用语言文字的普通话和规范汉字，其推广和普及除了具有提高各族人民科学文化水平，以及促进各地区经济、社会交流等现实功能以外，另外一个不可忽视的功能便是国家通用语言文字本身所体现的国

---

❶　周刚志.用法治助力国家文化公园建设 [N].法治日报，2022-06-13.

❷　国家民族事务委员会.中央民族工作会议精神学习辅导读本 [M].北京：民族出版社，2015：97-98.

❸　依法保护运用 让红色资源"活"起来 [N].人民日报，2022-03-17.

家主权和民族尊严的象征符号功能。"❶ 推广普及国家通用语言文字，对于少数民族公民受教育权、就业工作权、文化权利保护都具有重要意义。我们强调保护少数民族语言文字权利，但不能对其片面、狭隘地理解，不能以保护少数民族语言文字权利为借口削弱国家通用语言文字作为中华文化符号和中华民族形象的地位。铸牢中华民族共同体意识的文化法治实践路径，也要求国家通用语言文字这一中华文化符号和中华民族形象的法治保障的进一步加强。推广普及国家通用语言文字是包括民族自治机关在内的各级地方国家机关的法定职责，学习使用国家通用语言文字是各族公民的法定权利和责任。从国家立法层面，有必要推动修订《国家通用语言文字法》，明确"大力推广国家通用语言文字，科学保护少数民族语言文字"的基本原则和国家通用语言文字的优先地位，"使国家通用语言文字在提高各族人民科学文化水平、推动各民族共同走向社会主义现代化的进程中发挥更大作用，同时进一步彰显国家通用语言文字作为国家主权标志、各民族共有共享的中华文化符号和形象的象征功能"❷。从地方立法层面，对于部分地方有关语言文字工作、有关国家通用语言文字与少数民族语言文字关系等与宪法、法律、中央精神、时代要求不符的条款，及时进行清理或者修改；依法、科学统筹国家通用语言文字工作与少数民族语言文字工作二者的关系，对民族地区语言文字工作立法采取统一立法的模式，将维护国家统一和民族团结、促进各民族交往交流交融、铸牢中华民族共同体意识、保障少数民族公民基本权利作为民族地区语言文字工作的立法主旨。

4. 以法治保障文化安全，坚决防范民族领域重大风险隐患

铸牢中华民族共同体意识，要全面推进中华民族共有家园建设，要推进各民族共同走向现代化，要促进各民族交往交流交融，要提升民族事务

---

❶ 常安. 论国家通用语言文字在民族地区的推广和普及——从权利保障到国家建设 [J]. 西南民族大学学报（哲学社会科学版），2021（1）：8.

❷ 常安. 论国家通用语言文字在民族地区的推广和普及——从权利保障到国家建设 [J]. 西南民族大学学报（哲学社会科学版），2021（1）：8.

治理体系和治理能力现代化水平。此外，还有一个不可或缺的实践维度，即"坚决防范民族领域重大风险隐患"。这是因为，安全无论是对于一个共同体的发展与延续，还是对于共同体意识的巩固与凝聚，都至关重要；没有一个安全稳定的发展环境，发展建设就无从谈起；只有坚持底线思维，时怀忧患意识，牢固树立总体国家安全观，才有可能实现长治久安、安居乐业。作为国家安全体系的重要组成部分，文化安全在民族事务治理领域尤其重要，"民族领域的思想政治斗争，是我们同国内外敌对势力在民族问题上斗争的前哨战，这场斗争依然尖锐复杂"❶。2021年中央民族工作会议"守住意识形态阵地，积极稳妥处理涉民族因素的意识形态问题，持续肃清民族分裂、宗教极端思想流毒"，主要指的即是文化安全；十二个坚持中的"坚持正确的中华民族历史观"，也同样和文化安全息息相关。因此，我们必须高度重视文化安全之于铸牢中华民族共同体意识的重要性，清醒认识到民族领域意识形态斗争的复杂性、严峻性和长期性，守好意识形态阵地，为铸牢中华民族共同体意识奠定安全的思想文化基础。

安全和秩序，是法治所追求的固有价值；法治，也为安全价值的实现提供了坚实的制度保障。守好意识形态阵地、坚持正确的中华民族历史观、肃清民族分裂和宗教极端思想流毒，同样要以法治的方式来进行。法治，通过划定制度和法律红线的方式，充分发挥法律的保护、评价功能，为增强各族群众的中华民族认同、铸牢中华民族共同体意识保驾护航。《国家安全法》《反恐怖主义法》《刑法》《治安管理处罚法》《出版管理条例》《电影产业促进法》等，也就出版物和电影不得含有煽动民族仇恨、破坏国家宗教政策等内容作出了规定。

上述法律，都涉及民族工作领域的文化安全风险防范和意识形态斗争捍卫；在实践中，有必要进一步加强执法司法力度，严厉打击煽动鼓吹民族分裂和宗教极端主义的行为，严厉打击通过民族分裂和宗教极端主义破坏国家统一、危害国家安全、煽动民族分裂等行为。但"整体而言，我

---

❶ 丹珠昂奔.沿着中国特色解决民族问题的道路前进：中央民族工作会议精神学习体会[J].民族论坛，2014（12）：15.

国现有的文化安全法律较为零散，未成体系，文化资源、文化市场、文化产权等领域安全保护的法律法规依然匮乏，这已然成为我国法治建设的短板"❶。在现实中，也存在对于民族领域的思想政治斗争之严峻性和复杂性认识不清的情况，把意识形态安全问题、铸牢中华民族共同体意识的思想基础问题等事关全局的大是大非问题误认为学术理论论证问题；甚至歪曲解构中华民族发展历史、鼓吹狭隘极端的民族意识。如何进一步应对民族领域的文化安全和风险隐患防范问题，对我们的文化安全立法、执法、司法提出了更高的要求。

### 三、铸牢中华民族共同体意识背景下的文化法治建设

本节通过以铸牢中华民族共同体意识为主线促进中华文化传承、夯实公共文化服务保障法治加强各民族交往交流交融、加强"中华文化符号"和"中华民族形象"的法治保障、以法治防范民族领域重大风险隐患四个方面，即文化传承—融合发展—符号强化—安全保障的文化法治过程视角，对经由文化法治的铸牢中华民族共同体意识实践路径进行了尝试性的分析。

如果说文化法治可以作为铸牢中华民族共同体意识实践路径的一个重要发力点，那么在铸牢中华民族共同体意识这一新时代党和国家民族工作主线的大背景下，文化法治建设，又应该遵循哪些基本原则，才能更好地为铸牢中华民族共同体意识作出自己应有的贡献？

首先，必须充分意识到文化治理在国家治理体系中的重要意义，意识到文化法治之于铸牢中华民族共同体意识的巨大发力空间，意识到文化安全是国家安全的重要组成部分；依照铸牢中华民族共同体意识的基本内涵和总体部署，全面加强文化法治建设。要全面发力、弥补目前在中华文化传承保护、中华文化符号和中华民族形象立法保护、中华文化安全等方面的立法短板，进一步加强文化法治的立法执法司法工作，通过法治弘扬中

---

❶ 蔡武进，王蕾 . 我国文化安全法治建设的理论进路与现实走向 [J]. 学习与实践，2019（6）：38.

华民族共同体意识，坚持正确的中华民族观，防范民族领域的文化安全风险。

其次，依照铸牢中华民族共同体意识这一新时代党和国家民族工作的纲的要求，文化法治建设要朝增进中华民族共同性的方向努力。在文化法治建设中，要引导各民族始终把中华民族利益放在首位，要通过立法等方式，确立中华民族共同体意识、中华文化、中华文化象征的优先地位；要将中华文化遗产保护、中华文化精神、正确的中华民族历史观等作为文化法治保障的重要对象。地方的各类非物质文化遗产保护，要在铸牢中华民族共同体意识背景下中华文化遗产意义体系中加以理解。

再次，要意识到社会主义制度在铸牢中华民族共同体意识中的作用，坚持社会主义制度这一中华人民共和国的根本制度，坚持社会主义文化的先进方向；加强社会主义核心价值观入法工作；通过法治的方式，让革命文化、红色文化资源、社会主义先进文化在中华文化符号和中华民族形象打造、中华各族人民集体记忆塑造方面进一步发挥作用。

最后，发挥地方文化法治建设在铸牢中华民族共同体意识的文化法治实践路径中的地基式作用。在我国的文化法制体系中，地方文化立法尽管位阶最低，但数量最为庞大，而且对于文化法治建设而言，其承担着地基式的作用。因此，在经由文化法治的铸牢中华民族共同体意识实践进程中，必须高度重视地方文化法治建设。地方文化法治建设尤其是文化立法，需要按照铸牢中华民族共同体意识、传承中华文化、树立和突出各民族共享的中华文化符号和中华民族形象的要求，及时进行立改废释；确保文化法治尤其是文化立法，在增进中华民族共同性的航道中前行。同时，地方文化法治建设，在诸如中华文化遗产保护、地方公共文化服务保障、红色文化资源保护、促进各民族交往交流交融等方面，也可以充分发挥先行先试的能动性优势，从而夯实铸牢中华民族共同体意识文化法治实践的地方法治根基。

# 第二节　论国家通用语言文字在民族地区的
# 推广和普及

## ——从权利保障到国家建设

　　我国是统一的多民族国家，多民族、多语言是我国的基本国情。在这个统一的多民族国家内部，基于各地区经济社会文化有机联系、各民族相互交往交流交融的共同语言文字需求，在漫长的历史进程中形成了汉语言文字在国家语言文字格局中的特殊地位。正如有学者所说，"汉语言文字作为中华民族的通用语言文字，是历史的必然选择，将其加以推广普及，是历代中央政权的一项治国方略"❶。中华人民共和国成立后，党和国家高度重视国家通用语言文字的推广和普及工作，并于1956年由国务院发布《关于推广普通话的指示》，开启了全国范围内推广使用普通话的大潮。1982年颁布的《宪法》，也明确规定"国家推广全国通用的普通话"。2000年通过的《国家通用语言文字法》，分别在其总则第二条规定"本法所称的国家通用语言文字是普通话和规范汉字"，第三条规定"国家推广普通话，推行规范汉字"，第四条规定"公民有学习和使用国家通用语言文字的权利。国家为公民学习和使用国家通用语言文字提供条件。地方各级人民政府及其有关部门应当采取措施，推广普通话和推行规范汉字"。现行《宪法》和《国家通用语言文字法》对于普通话和规范汉字法律地位的明确，是统一的多民族国家内部各族公民受教育权、劳动权、文化权利等基本权利保护的制度保障需求所在，也是统一的多民族国家自身巩固国家认

---

❶　王启涛.中国历史上的通用语言文字推广经验及其对铸牢中华民族共同体意识的重要意义[J].西南民族大学学报（人文社会科学版），2020（11）：1.

同、铸牢中华民族共同体意识、促进民族团结和各民族交往交流交融、维护国家语言文字安全和国家主权的必然要求。

教育，是民族地区发展的根本所在，推广普及国家通用语言文字教育，对于民族地区脱贫攻坚与经济社会文化发展、少数民族公民的权利享有与个人发展，都具有重要意义。2014年中央民族工作会议明确指出，"语言相通是人与人相通的重要环节……语言不通就难以沟通，不沟通就难以达成理解，就难以形成认同。少数民族学好国家通用语言，对于更好地就业、更好地接受现代文化、更便捷地融入现代社会都有利。要全面开设国家通用语言文字课程，全面推广国家通用语言文字，确保少数民族学生基本掌握和使用国家通用语言文字"❶。教育部、国家语言文字工作委员会2016年发布的《国家语言文字事业"十三五"发展规划》提出，到2020年，"全国范围内普通话基本普及，语言障碍基本消除；农村普通话水平显著提高，民族地区国家通用语言文字普及程度大幅度提高"；并且强调要"提高保障国家战略和安全的语言文字服务能力。加强语言与国家安全，语言认同与国家认同、中华民族认同、中华文化认同研究，为保障国家统一、民族团结和社会稳定提供政策支持和专业服务"。推广和普及国家通用语言文字，还被赋予语言扶贫的重要政治使命，关系到民族地区、游牧地区、"直过民族"地区脱贫攻坚任务完成。习近平总书记在关于民族地区脱贫攻坚、全面小康实现的论述中，多次提到国家通用语言文字的推广普及教育。在2019年全国民族团结进步表彰大会上，习近平总书记再次重申，"要搞好民族地区各级各类教育，全面加强国家通用语言文字教育，不断提高各族群众科学文化素质"❷。因此，在民族地区推广普及国家通用语言文字，关系到各族群众科学文化素质的提高与个人发展空间的全面拓展，关系到民族地区与发达地区的区域协调发展，关系到铸牢中华民族共同体意识这一党的十八大以来民族工作主线的基础夯实。我们

---

❶ 国家民族事务委员会.中央民族工作会议精神学习辅导读本 [M].北京：民族出版社，2015：268.

❷ 习近平.在全国民族团结进步表彰大会上的讲话 [N].人民日报，2019-09-28.

必须把民族地区国家通用语言文字推广工作放在铸牢中华民族共同体意识、促进民族团结进步事业、实现中华民族伟大复兴的中国梦的政治高度上，确保《宪法》和《国家通用语言文字法》相关规定在民族地区顺利施行，破除关于国家通用语言文字推广普及与保护少数民族语言文字关系的认识误区，坚定不移地推进国家通用语言文字的推广与普及。

## 一、语言文字的多维属性与国家通用语言文字的宪制意涵

语言文字，是人类社会生活中表达思想见解、实现沟通交往、形塑政治经济文化共同体的基本媒介；语言文字对于人类生存、社会发展、经济交往、国家治理、文化传承的意义，宛如空气之于人类一般，其重要性不言而喻但又习焉不察。

语言文字首先具有社会属性，它是人类社会沟通交往的基本媒介，人们通过语言文字来表达见解、抒发情感甚至裁决争议；人类社会中的信息提供、获取、传达沟通也是通过语言文字来进行。因此，从人与人之间的沟通角度来讲，离开了语言与文字人类就无法从一个个的个体组成社会，甚至人作为个体的生活、受教育、能力拓展、工作也需要经由语言文字来进行。正是有了语言文字，人才摆脱了心灵孤岛的状态，成为社会的一分子。语言文字还具有经济属性，语言文字能力是劳动力的重要构成要素，是经济交往活动赖以组织、进行的基本前提❶，是生产要素和资本要素在经济市场上加速流动的重要推手。随着经济市场的扩大和不同经济区域之间的交流增加，对共通语的需求也进一步增加，因为这样可以节约交易成本、提高经济效率、整合经济市场、实现利益共享。语言文字在国家治理中更具有重要意义，不同行政区划层级之间的联络通信、政令畅通，法典、政令、意识形态被民众所熟悉和尊奉，都要依赖语言文字尤其是文字。因此，即使在古代，一个有效治理的国家尤其是大国，也需要依赖于"书同文"和"官话"，还需要具备一批掌握官方语言文字能力的政治精英

---

❶ 李宇明在《认识语言的经济学属性》（《语言文字应用》，2012年第3期）一文中作了具体分析。

集团，且这种统一的文字和语言还要代代相传，以确保政治传统的延续。❶语言文字也是一个国家、民族历史记忆的载体和文化传统的象征，一个文化共同体的形成与延续，离不开共同体成员对于共同语言文字的文化认同与自豪，而文化认同是最深层次的认同；也就是说，一个共同的语言文字环境有助于共同体意识的进一步巩固与凝聚，甚至这种文化属性很多时候还和政治属性发生勾连，如语言文字作为一种共同的文化符号和象征，成为国家认同塑造的重要方式。

正是基于语言文字具有上述社会、经济、政治、文化的属性，在一个多语言、多方言的共同体中，会有一种语言文字脱颖而出，成为这个共同体成员之间日常交流、经济交往、政令传输的通用语言，这是语言发展历史进程中的自然规律，也是现实社会经济交流和国家治理的客观需求。而在现代国家建设中，出于国家政权组织体系深入基层、公民广泛参与国家治理双向运动的需求，掌握一种使用较为广泛的语言作为通用语言便成为再自然不过的选择。进一步地，将这种通用语言通过国家根本大法的方式确立为国家通用语言的宪法地位，也同样成为世界上大多数国家语言政策和语言立法的通行做法。"据统计，在世界范围内 142 部成文宪法中，有79 部宪法规定了官方语言，占 55.6%。"❷而且在美国和英国这样的国家，虽然并没有在其宪法中规定官方语言或者缺乏一部成文宪法，但英语作为两国官方语言的现实功能发挥情况乃至其在本国民族文化中无可替代的地位，实际上较之其他国家在宪法典中规定官方语言及其地位的做法可谓有过之而无不及。由上可见，在世界上大部分国家的语言立法及语言政策实践中，确立一种官方语言或者国家通用语言可谓国际通例，同时也是其语言立法的最核心目标所在。这种确立官方语言或者国家通用语言的制宪立

❶ 苏力. 大国宪制：历史中国的制度构成 [M]. 北京：北京大学出版社，2018：344–387. 该书第八章论述了"书同文"与"官话"在中国这样一个政治共同体形塑中所起的作用。

❷ 王晨. 进一步贯彻实施国家通用语言文字法、铸牢中华民族共同体意识——写在《中华人民共和国国家通用语言文字法》颁布 20 周年之际 [N]. 人民日报，2020-11-11.

法或者政治实践，对各国国家统一、国家建设甚至国家缔造发挥了重要作用。如埃里克·霍布斯鲍姆指出的，"法语对于法国的创建是贡献厥伟的……对意大利的统一而言，意大利文也同样功不可没，它将意大利半岛上的知识分子连成一线，在读者与作家之间形成网络"❶。而众所周知的美国建国，当时的政治精英在论证十三个殖民地缘何不是组成四五个并立的邦联而是必须结合成为一个强有力的联邦政府时，其一大理由即是十三个殖民地的人民之间"语言相同"和"风俗习惯非常相似"❷。因此，在列国竞争的国际体系中，一国对内通过国家通用语言文字的推行塑造统一的国家认同，巩固公民作为国家民族一员的文化自豪感和政治归属感，是一国国家建设不可或缺的步骤。

从国家建设视角出发，我们或许可以对语言文字的政治属性尤其是一国通用语言文字在政治秩序塑造中的重要意义有着一个深切的体察，而诸如现行《宪法》中的普通话条款及《国家通用语言文字法》中对于推广普及普通话与规范汉字的规定，也由此具有了重要的宪制意涵。但诚如苏力所指出的，"中国宪法提到了语言，但一直没人从宪制和宪法层面关注这个问题对于当代中国的深远意义……《语言文字法》也只获得了语文和语言学者的关注，不曾有法律学者从宪制视角的分析"❸。时下从法学、政治学层面对语言文字政策的探讨，更多关注的是少数民族语言文字权利、方言权利的保护；关于语言安全、语言政治的讨论，也以语言学者或者从事国家安全研究的学者为多；❹但作为一个统一的多民族国家，思考推广、普

---

❶　霍布斯鲍姆.民族与民族主义 [M].李金梅，译.上海：上海人民出版社，2006：58.

❷　汉密尔顿，杰伊，麦迪逊.联邦党人文集：第二篇 [M].程逢如，在汉，舒逊，译.北京：商务印书馆，2015：8.

❸　苏力.大国宪制：历史中国的制度构成 [M].北京：北京大学出版社，2018：386-387.

❹　如张治国的《语言安全分类及中国情况分析》(《云南师范大学学报》，2018年第 6 期），刘跃进的《国家安全体系中的语言文字问题》(《语言教学与研究》，2011年第 6 期），等等。

及国家通用语言文字对于统一的多民族国家之国家建设的重要意义，思考《宪法》中普通话条款的宪制意涵，显然同样值得关注。❶ 同时，即使从少数民族公民权利保障视角出发，我们也要意识到，推广和普及国家通用语言文字，无论是对少数民族公民受教育权的保护，还是个人劳动与就业权利的切实保障，乃至通过语言扶贫所实现的经济社会权利享有程度的提升，都是一种实实在在的以发展促人权，以文化、教育权利的保护带动基本权利的全面保障。

因此，本节从权利保障视角出发，阐明在民族地区推广普及国家通用语言文字是对少数民族公民受教育权利、就业工作的权利、文化权利、经济社会权利等基本权利的现实保障和长远利益的真正关注；还从铸牢中华民族共同体意识的经济基础、社会基础、文化心理基础夯实，维护国家主权、国家安全、法治统一等统一的多民族国家建设的现实命题出发，揭示推广普及国家通用语言文字对于统一的多民族国家建设的重要意义。由此说明推广普及国家通用语言文字对少数民族公民权利保障、民族地区经济社会发展、统一的多民族国家建设、中华民族伟大复兴的重要意义所在。

## 二、推广普及国家通用语言文字与少数民族权利保障

中国的少数民族权利保障，注重权利保护的实效，强调通过提升少数民族公民的科学文化素质、夯实少数民族地区的经济基础实现少数民族公民政治、经济、社会权利保障整体水平的提升；中国的少数民族权利保障强调的是一种主动、全面的权利保障，不仅内容覆盖广泛而且还将保障少数民族权利视为责无旁贷的国家责任，这种国家责任被明确载入现行宪法与《民族区域自治法》。民族地区推广普及国家通用语言文字，正是旨在通过推广国家通用语言文字提升少数民族公民科学文化素质，为少数民族

---

❶　近年来一篇关于现行宪法文本中普通话条款的研究，见尤陈俊的《法治建设的国家能力基础：从国族认同建构能力切入》（《学术月刊》，2020 年第 10 期），作者梳理了中华人民共和国制宪历程中关于普通话条款的相关讨论并分析了语言与国家认同之间的复杂关系。

公民创造更大的就业空间夯实教育基础，为少数民族文化艺术发展与文化传播提供更为广阔的舞台。这是一种强调以发展促人权，注重权利保障实效，强调主动、全面保障少数民族权利的理念；这种权利保障理念的价值根基则在于社会主义这一中华人民共和国根本制度（现行《宪法》第一条）。在这一制度下，中国各族人民都是社会主义中华民族大家庭的成员。❶

在民族地区加大推广普及国家通用语言文字的力度，是对民族地区基本公共服务水平的提升和少数民族公民的民生福祉改善，是语言作为重要的市场要素加速流动的必然要求，也是对各民族加强交往交流交融语言环境的夯实。从少数民族权利保障的角度来讲，则是对于少数民族公民受教育权、就业权、经济社会权利、文化权利的一种全方位保障。"要加大对革命老区、民族地区、边远地区、贫困地区基础教育的投入力度，保障贫困地区办学经费，健全家庭困难学生资助体系。要推进教育精准脱贫，重点帮助贫困人口子女接受教育，阻断贫困代际传递，让每一个孩子都对自己有信心、对未来有希望。"❷在民族地区推广普及国家通用语言教育，正是在这个意义上，为少数民族地区通过教育实现精准脱贫及少数民族公民基本权利保障水平得到进一步提升起到至关重要的作用。

首先是受教育权。"接受教育，既是公民个人人格形成和发展的一个必不可少的手段，也是公民为独立营构自己生活而实现或更有利地实现其所拥有的各种经济权利以及劳动权的重要途径，甚至还是培育作为民主政治具体承担者的健全的公民的重要途径。"❸正是缘于受教育权对于公民基

---

❶ 关于社会主义作为中国少数民族权利保护的价值根基，可参见常安《缔造社会主义的中华民族大家庭：新中国民族区域自治制度的奠基历程》（《学术月刊》，2019年第9期），常安《理解民族区域自治法：社会主义的视角》（《中央社会主义学院学报》，2020年第4期）等文的相关分析。

❷ 中共中央党史和文献研究院.习近平扶贫论述摘编［M］.北京：中央文献出版社，2018：139.

❸ 韩大元，林来梵，郑贤君.宪法学专题研究［M］.北京：中国人民公安大学出版社，2004：383.

本权利保障与个人发展的特殊意义，我国《宪法》第四十六条第一款明确规定"中华人民共和国公民有受教育的权利和义务"；而《民族区域自治法》第七十一条有"国家加大对民族自治地方的教育投入，并采取特殊措施，帮助民族自治地方加速普及九年义务教育和发展其他教育事业，提高各民族人民的科学文化水平"的规定，更是将少数民族公民的受教育权保障视为一种国家责任的典型体现。2014 年中央民族工作会议明确指出，要抓好民族地区的义务教育，教育投入要加大向民族地区倾斜的力度。而国家通用语言文字的教育无疑是民族地区义务教育的关键一环。一方面，国家通用语言文字是少数民族公民接受科学文化知识教育的重要载体，是核心的课程资源与学业语言；另一方面，国家通用语言文字本身也是极为丰富且蕴含着巨大文化、经济、科技能量的教育资源，"国家通用语言文字使用的广泛性是任何一种少数民族语言文字所无法具备的。当前，全世界的各类历史文献资料和优秀文化成果，以及我国经济社会发展所需要的许多最新科技成果和发展动态，绝大多数是使用国家通用语言文字发布和报道的"❶。实践证明，大力提升国家通用语言文字在民族地区基础教育的使用比重，是对儿童语言认知学习科学规律和教育科学基本规律的尊重和奉行，也是对少数民族公民受教育权和长远利益的真正保障。也正是基于推广普及国家通用语言文字对于少数民族公民受教育权保障的决定性影响，2014 年中央民族工作会议明确提出，"要全面开设国家通用语言文字课程，全面推广国家通用语言文字，确保少数民族学生基本掌握和使用国家通用语言文字"❷。2017 年国务院印发的《国家教育事业发展"十三五"规划》也强调要"加强民族地区国家通用语言文字教育，确保少数民族学生基本掌握和使用国家通用语言文字"。上述举措均着眼于少数民族公民尤其是青少年更好地接受现代科学文化知识、提升受教育权保障水平

---

❶ 陈荟，等 . 民族地区普及国家通用语言文字的教育公平之义 [J]. 民族教育研究，2020（3）：82.

❷ 国家民族事务委员会 . 中央民族工作会议精神学习辅导读本 [M]. 北京：民族出版社，2015：219.

的考虑。

其次是就业、工作的权利。"工作权是一项基本人权，是经济社会权利的核心，是最基本的经济权利。工作权不仅是获取物质保障所必须的权利，也是实现人的全面发展所必需的权利。"❶现行《宪法》第四十二条规定："国家通过各种途径，创造劳动就业条件，加强劳动保护，改善劳动条件，并在发展生产的基础上，提高劳动报酬和福利待遇。"就业和工作是少数民族公民获取生存发展的基本物质保障，体现个人社会价值并融入社会的关键所在。2014 年中央民族工作会议指出，"就业是最大的民生，是民族地区社会稳定的重要保障……必须坚持就业第一，增强就业能力，拓宽就业渠道，扩大就业容量"❷。而要增强就业能力、拓宽就业渠道、扩大就业容量，就必须推广普及国家通用语言文字教育。解决包括少数民族大学生在内的少数民族公民的就业工作难题，就必须充分把握少数民族公民就业市场和就业需求格局，从少数民族大学生和少数民族公民接受教育模式的教育供给侧思路出发，在民族地区推广普及国家通用语言文字，优化民族地区双语教育模式，用国家通用语言文字学习各种专业知识，为少数民族学生创造良好的国家通用语言文字学习环境。中央民族工作会议和《国家语言文字事业"十三五"发展规划》《国家教育事业发展"十三五"规划》均对民族地区推广普及国家通用语言文字进行强调，也正是立足于少数民族公民个人发展的长远利益、立足于民族地区发展稳定的长远之举；而学习国家通用语言文字对于少数民族公民就业能力增强的关键作用，也正在为广大少数民族公民所认识并在实践中取得了良好的效果。在民族地区推广普及国家通用语言文字，还有助于少数民族公民拓宽就业渠道，有助于民族地区扩大就业容量；民族地区地方政府脱贫攻坚、解决富余劳动力就业的一大举措即普及国家通用语言文字攻坚工程，几年下来，

---

❶ 徐显明.国际人权法［M］.北京：法律出版社，2004：297.

❷ 国家民族事务委员会.中央民族工作会议精神学习辅导读本［M］.北京：民族出版社，2015：155.

成效显著。❶

　　最后是文化权利。民族地区推广普及国家通用语言文字时容易出现一个常见的思想误区，即担心推广普及国家通用语言文字会影响少数民族语言文字的使用和少数民族文化权利的保护，对此，必须予以澄清。第一，我国是一个统一的多民族国家，保护少数民族语言文字、文化、艺术等民族文化权利是我国少数民族权利保护体系的重要内容，国家对于少数民族文化权利保护的政策是一以贯之的，且从立法、行政、司法等各个层面投入了大量的人力、物力，有力地促进了民族地区的文化建设事业，而少数民族文化权利享有的广度和保障深入程度都前所未有。第二，广大少数民族同胞作为中华人民共和国公民，享有《宪法》规定的文化权利；推广使用国家通用语言文字，为广大少数民族公民享受文化成果、参与文化活动、开展文化创造打开了一扇更大的窗口，使少数民族公民可以充分、及时地享受到社会主义国家的文化发展成果。第三，就少数民族文化权利而言，无论是少数民族语言文字使用发展，还是少数民族文学艺术作品创作、少数民族文化遗产传承与保护、少数民族文化产业发展等，推广普及国家通用语言文字，只会为少数民族文化权利的保护带来更大的助力和更为广阔的平台。文化不是孤立的存在，只有在交往交流交融中才能得到发展的动力源泉；文化遗产的传承与保护，需要现代的科学技术；文化产业的发展，更离不开与外在文化市场的充分沟通。我们所熟知的大量少数民族文学艺术作品，正是借助国家通用语言文字这一媒介向全国各族人民展示自身独特的文化魅力，获得全国范围内的文化影响和文化产业效益。少数民族作家和文艺工作者在掌握良好的国家通用语言文字能力之后，汲取了更为丰富的知识与理论资源，将本民族的文化传统、文艺特色与现代文

---

　　❶ "经过笔试和面试，云南红河哈尼族彝族自治州元阳县 100 多名来自贫困家庭的青年在江苏昆山的一家企业顺利就业。而在来之前的培训班上，一些青年甚至不会用汉字写自己的名字。这是发生在几年前的一幕。2016 年，云南省启动了民族地区普及国家通用语言文字的攻坚工程，开展普通话培训，几年下来效果明显，截至目前已完成 9.96 万名劳动力培训。"（参见《学好国家通用语言文字　创造幸福美好生活》，《人民日报》，2020 年 9 月 9 日。）

艺制作技术相结合，实现了少数民族文化艺术的发展，展示了少数民族文艺的新时代形象，取得了超越地域、民族的文化影响力，这本身就是中国少数民族文化权利保护乃至整个少数民族权利保护、民族团结进步、各族人民对于中华民族的内心认同的一个显著呈现。❶ 文化旅游业和文化产业是广大少数民族公民重要的就业渠道和增收渠道，也是通过文化权利保护促进少数民族公民经济权利保护的重要体现，而无论是从事文化产业还是文化旅游业，都需要少数民族公民具备基本的国家通用语言文字能力。因此，在少数民族文化权利保护方面，我们应该意识到，无论是少数民族公民还是少数民族文化，都需要更大的发展舞台，而不是一个标签化的形象或者狭窄的发展空间；另外，中华文化是各民族文化的集大成者，各民族共同创造了灿烂的中华文化；少数民族文化的传承与发展需要在不同文化资源的互动中发展，需要现代科学技术条件支撑进行传承；少数民族公民的文化权益保护，需要更为丰富的文化成果、具备更大的展示平台；而且通过文化产业的模式实现经由文化权利的保障促进经济社会权利的全面保障同样重要。

因此，在民族地区推广普及国家通用语言文字，并不会对少数民族语言文字的使用和少数民族文化权利保护造成损害；我国保护少数民族语言文字使用和少数民族文化权利的立场是一以贯之的，在世界范围内都具有无可比拟的制度优势；推广普及国家通用语言文字，恰恰是对少数民族公民受教育权、就业工作权、文化权利等基本权利真正保护的长远之举。在民族地区通过推广国家通用语言文字的脱贫攻坚工程，是党和国家对少数民族公民权利保护、民族地区全面发展的统筹安排，是尽力通过各种措施

---

❶ 阿来、艾克拜尔等作家用国家通用语言文字展示了藏族、哈萨克族的文化魅力。用艾克拜尔的话说，就是"汉语受众面广，传播迅速，这使得我与用母语创作的作家相比获得了某种优势"，同时，"用最优美的中文，写最美好的中国人形象，为全世界热爱中文的读者服务"，也是少数民族公民作为中国人和中华民族儿女的自豪感和责任感的真情流露。（参见《用最优美的中文，写最美好的中国人形象——访哈萨克族作家艾克拜尔·米吉提》，中国民族文化资源网，http：//www.minzunet.cn/eportal/ui?pageId=663068&articleKey=742556&columnId=729508）

为少数民族公民个人成长、经济增收、融入社会提供良好环境的国家责任担当和社会主义制度优越性体现。如果我们考虑到"我国大散居、小聚居、交错杂居的民族人口分布格局不断深化，呈现出大流动、大融居的新特点"❶，让离开原聚居地的少数民族公民更好地适应城市、融入社会，权利得到保障，就更需要在民族地区推广普及国家通用语言文字教育，从而在更为广阔的舞台发展，更加适应这个"大流动、大融居"的社会。

### 三、推广普及国家通用语言文字与统一的多民族国家的国家建设

作为一个社会主义的统一的多民族国家，民族工作就不能仅仅从少数人权利保护制度或者地方治理制度的角度进行理解，而是直接关系到整个统一的多民族国家的国家建设，用习近平总书记的话说就是"各族人民亲如一家，是中华民族伟大复兴必定要实现的根本保证"❷。在这个统一的多民族国家，"如何通过民族政治的现实制度建构，用一种更为细致、更具亲和力和认同感的方式，来加强多民族国家内在的有机凝聚与认同塑造，便成为多民族国家之国家建设的核心课题"❸。因此，党和国家围绕"铸牢中华民族共同体意识"进行的一系列民族事务具体工作部署，如民族地区实现全面现代化、促进各民族交往交流交融、构建各民族共有精神家园、依法维护国家统一和民族团结等，便同样具有鲜明的国家建设意蕴。而民族地区推广普及国家通用语言文字教育，在上述民族事务的具体工作实践中都发挥着极为关键的作用。可以说，对于民族地区推广普及国家通用语言文字工作，我们必须将其放到铸牢中华民族共同体意识、促进统一的多民族国家的国家建设、实现中华民族伟大复兴的政治高度上加以理解。

---

❶ 习近平.在全国民族团结进步表彰大会上的讲话 [N].人民日报，2019-09-28.

❷ 习近平.在全国民族团结进步表彰大会上的讲话 [N].人民日报，2019-09-28.

❸ 常安.社会主义与统一多民族国家的国家建设（1947—1965）[J].开放时代，2020（1）：112.

## （一）推广普及国家通用语言文字，促进民族地区实现全面现代化

推广普及国家通用语言文字，从少数民族权利保护的角度讲，是对少数民族公民受教育权、就业工作权、文化权利等基本权利进行切实保护的长远之举；从民族地区经济社会发展的角度讲，则是民族地区实现全面现代化的必经之路。"新中国成立70多年特别是改革开放以来，民族地区发展取得巨大成就，但是与全国平均水平，特别是东中部地区相比，还存在较大差距，突出表现为部分少数民族群众学习掌握科技知识能力偏低、就业渠道比较窄，这些都与国家通用语言文字普及不够有密切关系。"❶可见，国家通用语言文字在民族地区的普及不够，是制约民族地区经济社会发展的重要因素，也直接影响铸牢中华民族共同体意识的经济基础夯实。

在民族地区，就业是最大的民生问题，也是民族地区实现全面现代化首先需要破解的难题。而在民族地区发展农牧业、农畜产品加工业，鼓励发展农民专业合作组织❷，利用少数民族文化资源发展文化产业与文化旅游业，都需要相关从业人员具备基本的国家通用语言能力，尤其是在如今"互联网+"平台经济如火如荼的时代，民族地区如果充分推广普及国家通用语言文字，就可以更好地搭上新兴经济的时代航轮，获得更为丰富的商机，融入更为广阔的全国市场。如果我们把就业市场、发展空间投向全国，当少数民族公民走出边疆民族地区，来到东部沿海城市进行就业与发展，就更需要具备熟悉使用国家通用语言文字的能力。这些年，民族地区的语言脱贫攻坚工程，通过对民族地区适龄劳动人口进行国家通用语言文字、职业教育技能培训等，取得了异地就业发展的显著成就，也证明推广普及国家通用语言文字在民族地区实现脱贫攻坚、解决就业难题所起到的巨大作用。

---

❶ 巴特尔.学习使用好国家通用语言文字是各民族的共同责任 [J].中国民族，2020（9）：19.

❷ 国家民族事务委员会.中央民族工作会议精神学习辅导读本 [M].北京：民族出版社，2015：156.

　　我国是一个社会主义的统一的多民族国家，重视经济基础的夯实与经济现代化，是社会主义国家制度建设的一个典型特征。各族人民在中国共产党的领导下，共同为建设社会主义的现代化国家而奋斗；在全面建设社会主义现代化国家的进程中，各族人民团结得更加紧密，中华民族共同体意识进一步增强。因此，民族地区实现全面现代化，也关系到整个中华民族的社会主义现代化国家建设进程。在我国即将迈入全面建设社会主义现代化国家的新发展阶段，我们需要进一步加大力度，采取各种措施，促进民族地区的经济、社会、文化全面发展；发挥好中央、发达地区、民族地区三个方面的积极性，优化转移支付和对口支援机制，谋划好"十四五"期间的民族地区发展大计，这其中包括：必须以更高的政治大局意识，从铸牢中华民族共同体意识的经济基础夯实角度，以更为坚决的态度着眼长远，加大民族地区国家通用语言文字推广普及力度，以此让民族地区与东部发达地区的经济文化联系更加紧密，实现区域协同发展，共同迈向社会主义现代化国家建设的康庄大道。

**（二）推广普及国家通用语言文字，加强各民族交往交流交融**

　　2014 年中央民族工作会议，以习近平同志为核心的党中央从实现中华民族大团结这一战略任务的大局出发，明确将"加强交往交流交融"部署为民族事务领域必须重点抓好的工作事项，并对"促进各民族交往交流交融"的理念与要旨做了系统阐述："交往交流交融是历史趋势，有利于加强民族团结、增强中华民族凝聚力；促进各民族交往交流交融，要正确处理差异性和共同性，要尊重差异、包容多样；通过扩大交往交流交融，创造各族群众共居、共学、共事、共乐的社会条件，让各民族在中华民族大家庭中手足相亲、守望相助。"❶

　　在 2019 年全国民族团结进步表彰大会上，习近平总书记进一步强调

---

❶　国家民族事务委员会.中央民族工作会议精神学习辅导读本［M］.北京：民族出版社，2015：107.

要"坚持促进各民族交往交流交融，不断铸牢中华民族共同体意识"❶。只有促进各民族交往交流交融，推动建立各民族相互嵌入的社会结构和社区环境，才能为铸牢中华民族共同体意识奠定良好的社会基础；而促进各民族交往交流交融的前提则是语言文字的相通。一方面，诚如有学者指出的，"从整体上看，中国 56 个民族在长期的历史发展过程中，已经形成你中有我我中有你'大杂居小聚居'的分布格局，但在微观层面，受自然和人文等多重因素影响，尚有相当数量的少数民族群众，与其他群体存在程度不同的文化—经济—社会生活—心理隔离"❷，而这种疏离，一个很重要的因素即语言的不通。另一方面，在我国已进入各民族跨区域大流动的活跃期，民族人口分布格局呈现出大流动、大融居的新特点的社会背景之下，"以往民族工作所依赖的区域格局、人口构成、民族分布正在发生重大变化，民族工作的对象正在从民族地区扩展到中东部地区，从农牧区扩展到城市"❸；如果进入城市的少数民族公民不掌握国家通用语言和文字，就很难融入当地社会和群体，而是"聚族而居，形成小的文化相同、习俗相近、互帮互助的社会关系密切的群体，而这种聚居形式又与周围社会形成相对隔离，使他们更难以融入迁入地社会与当地民众相互认识和彼此认同"❹。

正因为如此，我们就必须在各民族交往交流交融进程中搭建国家通用语言文字的沟通桥梁，只有在此基础上，各民族学生到了学校才不会"各抱各的团、各转各的圈"❺，进了城的少数民族群众也才能够很好地融入当地社会，而不是"各民族按民族成分、宗教信仰分区聚集而居、抱团扎

---

❶ 习近平.在全国民族团结进步表彰大会上的讲话[N].人民日报，2019-09-28.

❷ 李俊清，卢小平.各民族互嵌式社会结构建设中的公共治理[J].中国行政管理，2016（12）：29.

❸ 国家民族事务委员会.中央民族工作会议精神学习辅导读本[M].北京：民族出版社，2015：281.

❹ 李晓霞.大力推进各民族的交往交流交融[J].中国民族，2015（3）：57.

❺ 国家民族事务委员会.中央民族工作会议精神学习辅导读本[M].北京：民族出版社，2015：269.

堆……形成城中村、贫民窟、民族屯"❶。因此，只有推广普及国家通用语言文字教育，才能确保各民族交往交流交融顺利进行，建立相互嵌入式的社会结构和社区环境，为铸牢中华民族共同体意识奠定良好的社会基础。

### （三）推广普及国家通用语言文字，构筑各民族共有精神家园

"文化认同是最深层次的认同。文化认同的问题解决了，对伟大祖国、对中华民族、对中国特色社会主义道路的认同才能巩固。"❷铸牢中华民族共同体意识、促进统一的多民族国家的国家建设，除了从加强民族地区经济发展、密切民族地区与其他地区经济联系，促进各民族交往交流交融、建立相互嵌入式的社会结构和社区环境的经济基础和社会结构角度发力，还需要意识到，"加强中华民族大团结，长远和根本的是增强文化认同，建设各民族共有精神家园"❸，以及铸牢中华民族共同体意识的文化、心理基础。

作为国家通用语言文字的普通话和规范汉字，本身就是各民族共同创造发展的产物，也是几千年来各民族共有的精神家园，更是中华各民族文化集大成的生动体现。"普通话的前身北京官话，上溯元明、推广于清代。普通话的标准音采集点，是以满族为主的少数民族人口占 62% 的承德滦平县。可以说，历史上少数民族学习汉语对现代普通话的形成和发展功不可没，是'多元'的'要素和动力'为中华民族大家庭共同性做出的贡献。"❹ 在中华文明发展史上，也涌现出不少以汉语文进行创作的少数民族作家，如贯云石、纳兰性德等，他们创作的脍炙人口的名作，是整个中华民族的文化瑰宝；中国历史上氐族、鲜卑族、契丹族、女真族、满族等出身的政治家，也体现出非常好的汉语文造诣，汉语言文字也是历代中央政

---

❶　国家民族事务委员会.中央民族工作会议精神学习辅导读本［M］.北京：民族出版社，2015：291.

❷　国家民族事务委员会.中央民族工作会议精神学习辅导读本［M］.北京：民族出版社，2015：251.

❸　国家民族事务委员会.中央民族工作会议精神学习辅导读本［M］.北京：民族出版社，2015：252.

❹　郝时远.铸牢中华民族共同体意识必须推广国家通用语言文字［N］.人民日报，2018–10–31.

权处理政令的通用文字；而《敕勒川》《木兰辞》等流传于我国南北朝时期的少数民族民歌，也同样为中华各族人民所吟诵、传唱，成为中华各族人民共同的文化财富。

中华人民共和国成立后，党和国家高度重视少数民族文化权利保护和少数民族文化发展繁荣，一大批掌握国家通用语言文字的少数民族作家、艺术家结合自身民族文化传统，充分吸收中华文化的宝贵养分，为中华文化的当代发展做出了不可磨灭的贡献；而国家通用语言文字也为少数民族文学艺术作品在全国范围内的传播并成为中华文化的杰出代表提供了独一无二的推动力。但是，关于中华文化和各民族文化的关系，关于国家通用语言文字和少数民族语言文字的关系，在理论研究和现实生活中仍然不乏一些偏颇的认识。"繁荣和发展各民族文化，要在增强对中华文化认同的基础上来做"❶，不能把本民族文化自外于中华文化、对中华文化缺乏认同。我们强调保护少数民族语言文字的权利，但同样不能对其片面理解，不能以保护少数民族语言文字权利为借口削弱国家通用语言文字的宪法地位，阻碍国家通用语言文字在民族地区的推广，妨碍少数民族公民使用国家通用语言文字权利的享有。

在 2019 年全国民族团结进步表彰大会上，习近平总书记强调，要"推动各民族文化的传承保护和创新交融，树立和突出各民族共享的中华文化符号和中华民族形象，增强各族群众对中华文化的认同"❷。而国家通用语言文字，既是中华文化绵延发展的语言文字载体，也是各民族共享的中华文化符号和中华民族形象；构筑各民族共有精神家园、铸牢中华民族共同体意识，国家通用语言文字的充分使用、传承发展不可或缺。我们有理由相信，随着民族地区教育文化水平的飞速发展和民族地区国家通用语言文字的不断普及推广，各族人民会越来越珍视国家通用语言文字这一各民族共同的文化财富，也将在使用国家通用语言文字的过程中为中华文化

---

❶ 丹珠昂奔.沿着中国特色解决民族问题的道路前进：中央民族工作会议精神学习体会 [J].民族论坛，2014（12）：17.

❷ 习近平.在全国民族团结进步表彰大会上的讲话 [N].人民日报，2019-09-28.

的发展做出更大的贡献；各族人民对中华文化的认同、对各民族共有精神家园的珍视，以及铸牢中华民族共同体意识的文化、心理基础，也必将由此得以进一步加强。

**（四）维护国家通用语言文字的法律地位，捍卫国家主权与国家安全**

现行《宪法》明确规定"国家推广全国通用的普通话"，2000 年通过的《国家通用语言文字法》也规定"国家推广普通话，推行规范汉字"，并强调"国家通用语言文字的使用应当有利于维护国家主权和民族尊严，有利于国家统一和民族团结，有利于社会主义物质文明建设和精神文明建设"。上述规定明确了国家通用语言文字的宪法和法律地位，阐明了推广普及国家通用语言文字属于国家事权的权力属性，也表明学习使用国家通用语言文字既是全国各族公民所享有的法定权利，也是全国各族公民所必须遵循的法定义务。

国家建设除了需要注重政权建设、制度建设的刚性一面，还需要塑造和强化政治共同体成员国家认同的柔性一面。"国家认同建构依赖多种资源，国家象征是其重要资源之一。从国际政治角度看，国家象征是国家在进行国家交往中所依赖的识别标志；从国内政治角度看，国家象征代表了一个国家的主权、独立和尊严，反映了一个国家的历史传统、民族精神，是国家整合社会和创造公民对国家认同的重要资源。"❶ 而国家通用语言文字，正是一国国家主权的重要体现和国家认同塑造的重要载体。因此，作为国家通用语言文字的普通话和规范汉字，其推广和普及除了具有提高各族人民科学文化水平及促进各地区经济、社会交流等现实功能以外，另外一个不可忽视的功能便是国家通用语言文字本身所体现的国家主权和民族尊严的象征符号功能。纵观世界各国立宪史，语言文字常常与国旗、国歌、首都一起被《宪法》明确为国家象征，而滥觞于近代中国的国语运动、汉字改革运动，同样一开始便与近代中国的国家建设大背景密不

---

❶ 殷冬水.国家认同建构的文化逻辑——基于国家象征视角的政治学分析［J］.学习与探索，2016（8）：74.

可分。❶ 在我国宪法文本中，诚如尤陈俊所指出的，"虽然没有将语言与国歌、国旗、国徽等国家象征和标志规定在一起，但语言与国族认同之间的微妙关系，不仅同样值得关注，甚至更为历史久远"❷。而《国家通用语言文字法》中对国家通用语言文字的使用应当有利于维护国家主权和民族尊严，有利于国家统一的强调，实际上已经是以国家法律的形式，确立国家通用语言文字所承担的象征国家主权、塑造国家认同的重要使命。

维护国家通用语言文字的法律地位还关涉国家安全。一国的国家通用语言文字推广普及受到阻碍或者侵蚀，实际上也是对其国家安全的危害。当今随着国际、国内环境所发生的深刻变化，各种新的挑战层出不穷，我们除了要重视传统的政治、经济层面的国家安全外，还需要重视文化、意识形态等层面的国家安全。而语言文字这个看似技术性的领域，实际上同样和国家安全密切相关。一国国家通用语言文字的安全，本身即为一国国家安全的重要组成部分，对其他国家安全领域产生着重要影响。其中最典型的即语言安全和政治安全的关系，如部分国家的分离主义运动，常常从部分族裔语言的地位无限拔高开始或者通过语言政治的手段来实现其政治分离目标。❸ 诚如苏金智所指出，"在国家统一、国家认同方面，国家通用语言文字能力方面的建设处在国家语言能力中的核心基础地位。应该看到，'台独''港独'，包括国际上的一些国家和地区，国家分裂往往从不认同国家通用语言文字开始。大力推广国家通用语言文字已经成为当前我

---

❶ 王东杰.声入心通：国语运动与现代中国［M］.北京：北京师范大学出版社，2019.

❷ 尤陈俊.法治建设的国家能力基础：从国族认同建构能力切入［J］.学术月刊，2020（10）：95.

❸ 如根据翟晗的研究，西班牙加泰罗尼亚大区于1978年制定并实施的《语言规范法》，标榜保护和推广加泰罗尼亚语，其实质则是采取"语言浸入政策"，作为缓慢培养加泰罗尼亚地区分离意识的长期手段。然而，西班牙宪法法院对此则缺乏足够警觉，在遏制分离的相关关键判决上也存在疏忽，为后来加泰罗尼亚分离势力坐大留下了空间。翟晗.西班牙加泰罗尼亚分离危机的再审视［J］.欧洲研究，2019（5）.

国国家语言能力提升的重中之重"❶。因此，鉴于语言文字安全之于国家安全的高度重要性，我们必须把推广国家通用语言文字，从践行总体国家安全观、维护我国国家安全的政治高度来把握，增强各级部门推广普及国家通用语言文字的坚定性和执行力。

我国《宪法》规定，"国家维护社会主义法治的统一和尊严"，"地方各级人民代表大会在本行政区域内，保证宪法、法律、行政法规的遵守和执行"。《立法法》规定，"自治条例和单行条例可以依照当地民族的特点，对法律和行政法规的规定作出变通规定，但不得违背法律或者行政法规的基本原则，不得对宪法和民族区域自治法的规定以及其他有关法律、行政法规专门就民族自治地方所作的规定作出变通规定"。《民族区域自治法》规定，"民族自治地方的自治机关必须维持国家的统一，保证宪法和法律在本地方的遵守和执行"。因此，民族地区的语言文字工作政策推行和立法设计，也需要遵循上述宪法及法律法规的规定，维护国家通用语言文字的宪法和法律地位，维护中国特色社会主义法治体系的统一。

## 四、结语

在我国这样一个统一的多民族国家内部，多语言是我国的基本国情之一，做好民族地区语言文字工作，是实现国家治理体系和治理能力现代化的必然要求，也事关国家主权彰显和民族和睦团结。这决定了民族地区语言文字工作的复杂性和重要性。中华人民共和国成立以来，党和国家在语言文字政策方面，统筹推进推广普及国家通用语言文字与少数民族语言文字保护并取得了极为显著的成就。我国对待少数民族语言文字权利保护、少数民族文化权利保护、少数民族权利保护的基本精神是一以贯之的，并且在世界范围内具有无可比拟的制度优势。对此，我们应当有高度的制度自信与政治定力。

国家通用语言文字是中华各民族共同创造发展的产物，也是几千年来中华各民族共有的精神家园，更是中华人民共和国国家主权的象征和塑造

---

❶ 苏金智.国家语言能力：性质、构成和任务 [J].语言科学，2019（5）：457.

国家认同的重要载体。在民族地区推广普及国家通用语言文字，有利于少数民族公民受教育权、就业工作权、文化权利、经济权利的全方位权利保障，有利于民族地区的民生福祉改善和经济社会发展，有利于铸牢中华民族共同体意识的经济、社会、文化心理基础夯实，是真正的功在千秋、利在长远的国之大计。我们应当牢记，在中华民族多元一体格局中，一体是主线和方向，多元是要素和动力；中华文化是各民族文化的集大成者，各民族文化不能自外于中华文化；推广普及国家通用语言文字、维护国家通用语言文字的宪法和法律地位，同样必须成为民族地区语言文字工作的主线。

党的十八大以来，习近平总书记就民族地区推广普及国家通用语言文字作出了一系列重要论述，深刻指出"语言相通是人与人相通的重要环节"❶，强调"少数民族学好国家通用语言，对就业、接受现代科学文化知识、融入社会都有利"❷，要求"搞好民族地区各级各类教育，全面加强国家通用语言文字教育"❸。2020 年 10 月 29 日中国共产党第十九届中央委员会第五次全体会议通过的《中共中央关于制定国民经济和社会发展第十四个五年规划和二〇三五年远景目标的建议》，明确提出要"提高民族地区教育质量和水平，加大国家通用语言文字推广力度"。我们应当根据宪法和法律的相关规定、根据习近平总书记关于民族工作的重要论述精神、根据党中央关于"十四五"规划中民族地区教育水平提升的总体部署，从少数民族公民的长远权益保护的考虑出发，从民族地区经济社会发展和现代化的需求出发，从统一的多民族国家的国家建设和铸牢中华民族共同体意识的大局出发，统筹安排、精准施策，坚定不移、坚决有力地做好推广普及国家通用语言文字这一新时代民族工作的重大战略任务。

---

❶ 国家民族事务委员会 . 中央民族工作会议精神学习辅导读本 [M]. 北京：民族出版社，2015：267.

❷ 巴特尔 . 学习使用好国家通用语言文字是各民族的共同责任 [J]. 中国民族，2020（9）.

❸ 习近平 . 在全国民族团结进步表彰大会上的讲话 [N]. 人民日报，2019–09–28.

# 第三节　从权利保障到中华民族共同体建设：论各民族非物质文化遗产的传承与发展

《国语·楚语》里讲"史不失书，矇不失诵"，意思是史书上记录的历史和口口相传的历史同样重要。中华民族的历史不仅承载于卷帙浩繁的史书典籍、恒河沙数的文物遗址中，更存在于口口相传、活态传承至今的非物质文化遗产中。我国民族众多、分布广泛，在漫长的历史发展中，积累了多彩绚烂的非物质文化遗产，汇聚成中华民族的文化之根、文化之魂。中华民族共同体建设其中重要一面就是中华文化体系的建设，而非物质文化遗产传承体系的建设则是重中之重。从各民族非物质文化传承与发展的角度探讨中华民族共同体建设，实际上是探讨依托于各民族非物质文化遗产的传承与发展，建设什么样的中华文化传承与发展体系的问题。在这个体系中，各民族的非物质文化遗产由谁来传承、谁来发展，以及如何传承、如何发展才能够更好地保障公民的文化权利、拓宽公民的文化自由、增强各民族的中华文化认同，从而推动社会主义文化大发展、大繁荣，实现中华民族的伟大复兴。

## 一、各民族非物质文化遗产传承与发展的权利保障

参与非物质文化遗产传承与发展的主体不再限于传统社区的人，而是新的"非遗实践共同体"，包括传统社区、政府、学者、公司、学徒、管理者等。然而，实践中由于法律制度的缺位，这些主体基于非物质文化遗产传承与发展的权利义务关系界定不明确，制约了遗产传承发展的效果，也产生了一些纠纷。

**（一）涉及各民族非物质文化遗产传承发展的纠纷**

1.非遗所有者与非遗使用者：涉及非遗署名权、文化尊严权、文化发展权的纠纷，非遗资源开发权、收益权的纠纷

涉及非物质文化遗产的署名权纠纷在非遗保护实践中普遍存在。如被称为"民间文学艺术著作权保护第一案"的《乌苏里船歌》案❶中，法院最终判决"在使用音乐作品《乌苏里船歌》时，应客观地注明该歌曲曲调是源于赫哲族民间曲调改编的作品"。目前，我国《非物质文化遗产法》并未针对署名权作出明确规定。贵州省和甘肃省在其地方条例中作了规定，如《贵州省非物质文化遗产保护条例》第四十四条规定，"利用非物质文化遗产代表性项目应当注明项目名称及所在地、所属民族等相关信息"，但亦未规定相应的法律责任。❷

涉及文化尊严权的纠纷也是非遗保护实践中较为普遍的一种纠纷，这种纠纷普遍体现在对少数民族非遗的商业开发中，如将一些祭祀类非遗项目进行商业开发，将一些民间英雄形象用作特定商品的商标使用等。例如，冼太夫人习俗是国家级的非遗项目。2005年，"冼太夫人"商标争议纠纷案的结果即体现了对"文化尊严权"的维护❸。《非物质文化遗产法》对维护"文化尊严权"❹作出了原则性的规定，一些地方条例❺细化了这一规定，但大多地方条例未规定法律责任，仅云南省❻在其条例中明确规定

---

❶ 田艳.《乌苏里船歌》案与少数民族文化权利保障研究 [J].广西民族研究，2007（4）：190–198.

❷ 《甘肃省非物质文化遗产条例》第五十条有相同规定。

❸ 董新中.非物质文化遗产私权保护理论与实务研究 [M].北京：知识产权出版社，2016：120–125.

❹ 《非物质文化遗产法》第五条："使用非物质文化遗产，应当尊重其形式和内涵。禁止以歪曲、贬损等方式使用非物质文化遗产。"

❺ 《四川省非物质文化遗产条例》第五十一条："利用代表性项目进行艺术创作、出版、旅游活动等，应当尊重其原真形式和文化内涵，不得歪曲、贬损、滥用和过度开发。"

❻ 《云南省非物质文化遗产保护条例》第四十条："违反本条例规定，以歪曲、贬损等方式使用非物质文化遗产的，或者不尊重民族风俗习惯，伤害民族感情的，由县级以上人民政府文化行政主管部门批评教育，责令改正；构成犯罪的，依法追究刑事责任。"

了法律责任。

涉及文化发展权的纠纷是目前民族村寨旅游开发中最突出的纠纷类型。旅游公司通过与政府签订协议的方式取得对村寨进行整体性开发的权利。实践中旅游公司对非遗项目进行开发时，往往重视的是旅游产品或服务本身的短期经济效益，忽视传统社区居民对自身文化发展的诉求和意愿，以一己之愿取代当地居民对自身文化发展的需求。例如，在贵州某地区，当地的民居建筑技艺已入选非遗代表性项目名录，但旅游公司在取得当地村寨的旅游开发权后，不顾居民的意愿将当地沿主街的历史建筑石板房改装成了吊脚楼式的木制建筑，对当地的文化遗产保护造成了严重的负面影响。

我国法律并未对非物质文化遗产的开发权、收益权作出规定，仅贵州省的地方条例作出了"在特定区域利用非物质文化遗产项目从事整体开发经营活动的，应当与该区域相关组织及村（居）民代表约定利益分配方式"❶的规定，这可以看作保障收益权的规定。但是，目前法律整体上对非物质文化遗产的开发权、收益权的保障仍然缺位。

2.非遗使用者之间：对非遗标志专有使用权、对非遗衍生品著作权或收益权等纠纷

这类纠纷往往发生在非物质文化遗产的使用者之间，这些使用者包括非遗的传承人、传承单位，非遗资源的整理者、收集者，对非遗进行商业开发的公司、单位等。如2007年，四川省自贡扎染工艺厂诉自贡市天宫艺术品有限公司不正当竞争案中，作为国家级非物质文化遗产项目"自贡扎染工艺"项目保护单位的自贡扎染工艺厂主张其在商品和包装上对"非遗—自贡扎染工艺"有关字样专有使用权。❷

从这些涉及各民族非物质文化遗产的纠纷可以看到，社区早已不是非物质文化遗产传承与发展的唯一主体，越来越多的社区外主体参与到了非

❶ 见《贵州省非物质文化遗产保护条例》第四十五条。

❷ 董新中.非物质文化遗产私权保护理论与实务研究［M］.北京：知识产权出版社，2016：120-125.

物质文化遗产的传承和发展中，因而实践中产生了诸多非遗所有者和非遗使用者，以及非遗使用者之间的纠纷。由于法律制度的缺位，"非遗实践共同体"无法自发产生良性的合作机制，制约了非遗传承与发展的效果。

### （二）各民族非物质文化遗产权利保障的学术见解及域外经验

国际上对少数民族非遗权利保障的立法实践主要有特别知识产权法模式、惠益分享制度及公有领域付费制度，不同国家往往根据自身的情况采取不同的保护模式。采取特别知识产权模式的多为非洲国家，他们通过事先积极许可控制的方式，对以营利为目的使用民间文艺的行为由政府相关部门收取一定的费用，而后将这些费用用于民间文学艺术的保护。惠益分享制度大多用于对传统知识及遗传资源的保护，如巴拿马、印度等。采用公有领域付费制度的大多为欧洲国家，即对那些在版权法体系下已经进入公有领域的作品，如果以营利为目的使用的话，需要向政府相关部门缴纳一定的费用，专门用于公有领域内知识的保护。

学者们对我国少数民族非遗私权的保障亦提出了不同的观点，主要有国家说、少数民族说、国家和传统社区双重主体说、传统社区和传承人二元权利主体模式。

#### 1．国家主体说

目前已有国外立法采取这一学说，如突尼斯在其法律中规定"民间文学艺术是国家遗产的一部分，任何为营利使用而抄录民间文学艺术，均应取得文化部授权，并向依本法所成立的版权保护代理机构的福利基金会支付报酬"。国内也有持此观点的学者，如有学者认为，"非遗类似于一种自然资源，无论从直观的经济利益来讲，还是从宏观的国家文化战略安全角度来讲，它应当归属于国家运营资本的组成部分"❶。

"国家主体说"考虑到了少数民族非遗私权保障中的"公共利益"属性，但缺乏对联合国《保护非物质文化遗产伦理原则》中"相关社区、群体和个人在保护其所持有的非遗过程中应发挥主要作用"的适当关注。精

---

❶ 田艳．传统文化产权制度研究［M］．北京：中央民族大学出版社，2011：149．

神权益属于较为主观的感受、体验，如果归属于国家很可能造成实践中政府对少数民族非遗的篡改和不当使用。

### 2. 少数民族主体说

"少数民族主体说"认为，传统文化表现形式与特定民族、社区相连，因此除个别情况下属于个人所有外，应该归集体所有。王鹤云提出了"群体性非物质文化遗产的特殊智力成果权"❶的概念，韩小兵提出了"少数民族非物质文化遗产权"❷的概念，这两种学说都认为少数民族非遗的权利主体应当归属于少数民族群体，由其设立专门的代表性机构行使权利；在没有设立代表性机构时，推定相关的政府部门代为行使权利。"少数民族主体说"是许多国家保护少数人集体权利的理论基础，如《巴拿马原住民集体权利特别登记法》《秘鲁土著人集体知识保护法》《美国印第安艺术和手工艺品法》都将土著人确定为权利主体。

"少数民族主体说"充分肯定了"社区、群体和个人"在非遗保护中的重要作用。但我国少数民族非遗归属主体具有多样性、交叉性的特点，有的非遗属于许多民族共有，有的非遗属于某一民族支系所有，有的非遗属某一地区共有。如果依次建立专门机构行使权利，可操作性不强，且不利于非遗的整体性保护。

### 3. 双重主体说

"双重主体说"，具体来讲是指将少数民族非遗的所有权主体和管理主体分开。吴烈俊认为，"由民间组织代为行使少数民族非遗的相关权益，可以更好地保护非遗所属的传统社区的集体利益，这种专门的组织类似于著作权集体管理组织"❸。田艳认为，"对于可以确定主体的传统文化归属于

---

❶　王鹤云.中国非物质文化遗产保护法律机制研究 [M].北京：知识产权出版社，2009：380-388.

❷　韩小兵.中国少数民族非物质文化遗产法律保护基本问题研究 [M].北京：中央民族大学出版社，2011：179.

❸　吴烈俊.我国民族民间文学艺术的法律保护 [J].西南民族大学学报（哲学社会科学版），2003（5）：191-195.

传统社区，难以确定归属主体的由国家进行保护；传统社区是传统文化产权的权利主体，传统社区和国家是传统文化产权的管理主体，可以设立民间团体'传统文化产权集体管理组织'行使精神权益和财产权益"❶。至于管理主体的确定还有两种思路：一是由政府相关机构或非政府组织代为管理，二是由具备资质的信托公司代为行使相关的权益。❷

"双重主体说"为少数民族非遗私权的实现提供了思路，但是如何通过民间团体、政府机构或者信托机构实现具体的权利内容，学者们并未给出明确的解决方法。

4.传统社区和传承人二元权利主体模式

王吉林认为，"非遗的权利主体应当反映传统社区与传承人在非遗保护和传承中的作用；非遗的形成和发展是集体创造和个体创造的结合，表现出群体维系和个体活态传承的二位一体性，可以借鉴物权法中建筑物区分所有权的理论，确立非物质文化遗产区分所有权理论，即非遗的精神权利由来源群体共有，传承人对其所持有的非遗享有独立的财产权利，对其基于所持有的非遗自我创新的智力成果享有知识产权"❸。这一观点具有一定的启发性，但是如果由传承人享有财产权益的话，实践中操作非常困难。作为传承人的群体由不特定的个体组成，同时以营利为目的使用少数民族非遗的人也是不特定的，将两组不特定的主体连接起来，不具有可行性。

以上四种学说都从不同的角度阐释了少数民族非遗权利保障的路径。但是，这些学说都有一定的缺陷。具体到我国目前的少数民族非遗保护实践中，需要兼顾公权力与私权利之间的平衡，行政法上的"公物理论"可以带来一些启发。

---

❶ 田艳.传统文化产权制度研究［M］.北京：中央民族大学出版社，2011：156-157.

❷ 严永和.论传统知识的知识产权保护［M］.北京：法律出版社，2006：199.

❸ 王吉林，陈晋璋.非物质文化遗产的权利主体研究［J］.天津大学学报（社会科学版），2011，13（4）：322-326.

### （三）新视角："非遗实践共同体"视野下各民族非物质文化遗产的权利保障

目前，学界对非物质文化遗产的法律保护要么从公法保护进行论述，要么从私法角度进行探讨，但非物质文化遗产上公权力与私权利交织的复杂状况决定了单从任一角度都无法真正厘清非遗多重主体复杂的权利义务关系。基于前文"各民族非物质文化遗产的实践主体正经历着从社区到共同体的转变"这一理论重构，可以从行政法上的"公物理论"出发，厘清非物质文化遗产多重主体复杂的权力（利）义务关系，探索在"非遗共同体"之间建立公平合理的协作机制，共同促进非物质文化遗产的传承与发展。❶

行政法学科上的公物理论认为公物上包含着公物所有权、公物管理权、公物使用权三种权利束。各民族的非物质文化遗产包含着传统社区的非物质文化遗产所有权、政府的非物质文化遗产管理权，以及公众的非物质文化遗产使用权。第一种是传统社区的"非物质文化遗产所有权"，表现为以"传统社区（群体或个人）"为主体行使的署名权、文化尊严权、文化发展权和文化财产权等，这些权利多因法律主体的缺位、法律责任条款的缺乏、无司法救济渠道而无从实现，因而实践中出现了诸多纠纷。第二种是政府的"非物质文化遗产管理权"，非物质文化遗产管理权的行使依据法律规定，主要包括建立代表性项目名录、进行非遗的调查及非遗的传承和传播等。第三种是公众的"非物质文化遗产使用权"，是以公众为主体行使对非物质文化遗产的使用权，主要包括享用权和开发权两项权利内容。我国《非物质文化遗产法》第二十八条、第三十六条、第三十七条有相关规定，但并不完整。非物质文化遗产的公物属性决定了任何公民都有对非遗基本的享用、开发的权利，但是目前的法律法规对"以何种方式使用以及在多大限度内使用"未有明确规定。非物质文化遗产的权利（力）结构如图 3-1 所示。

---

❶ 胡曼. 公物理论视野下少数民族非物质文化遗产私权保障的路径研究 [J]. 中央民族大学学报（哲学社会科学版），2020，47（4）：130-140.

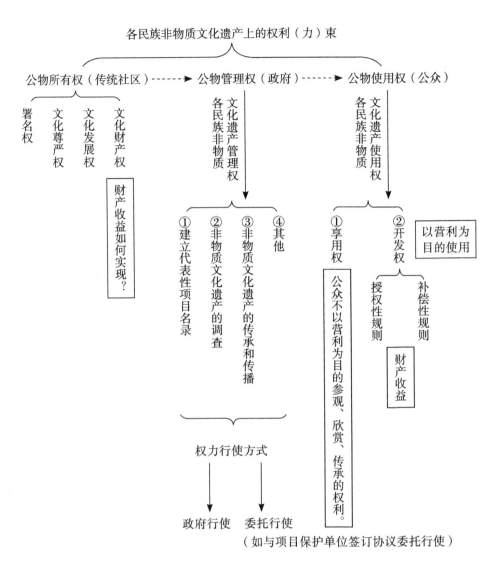

图 3-1　非物质文化遗产权利（力）结构

由图 3-1 可以看到，非物质文化遗产作为法律客体，呈现出公权力和私权利相交织的特征，既有属于私权利范畴的非物质文化遗产所有权、非物质文化遗产使用权，也有属于公权力范畴的非物质文化遗产管理权。问题就在于，由于现实层面法律制度的缺位，非物质文化遗产的所有者、管理者和使用者之间无法自发地形成一种公平合理的协作机制，一方面普通公众使用社区非物质文化遗产资源进行开发无需任何制度成本，社区参与保护遗产的积极性和能力减弱，某些针对非物质文化遗产竭泽而渔式的、抑或浅层次的开发比比皆是；另一方面缺乏保障社区主体地位和公众参与的法律制度，由社区和公众构成的"非物质文化遗产共同体"之间也没能建立起深入而广泛的联结，非遗开发利用的效果大打折扣。

## 二、中华民族共同体建设视野下各民族非物质文化遗产的传承与发展

中华民族共同体视野下各民族非物质文化遗产的传承与发展，应当从以下三个方面着手：一是促进非物质文化遗产在各民族间的共有共享共赏共传，通过完善非遗传承的法律制度拓宽各民族及其公民的文化选择和文化自由，保障各民族及其公民的文化权利；二是明确参与非物质文化遗产传承与发展各主体的权利义务关系，在新的"非遗实践共同体"内部建立一种良性互补的协作模式，即建立以社区为核心的公众参与制度，以及区域性的非物质文化遗产许可使用制度，巩固共同体内部的有机团结；三是以非遗保护为基础，树立和突出各民族共享的中华文化符号和中华民族视觉形象，增强中华文化认同，构筑中华民族共有精神家园。

### （一）从各民族文化到中华文化：促进非物质文化遗产在各民族间的共有共享共赏共传

"中华文化是各民族文化的集大成，各民族都对中华文化的形成和发展做出了贡献……把汉民族文化等同于中华文化，忽略少数民族文化，把本民族文化自外于中华文化，对中华文化缺乏认同，都是不对的。"[1] 2021年中央民族工作会议再次强调，"要正确把握中华文化和各民族文化的关系，各民族优秀传统文化都是中华文化的组成部分，中华文化是主干，各民族文化是枝叶，根深干壮才能枝繁叶茂"。各民族非物质文化遗产都是中华文化的重要组成部分，非物质文化遗产保护的目的是通过遗产

---

[1]　国家民族事务委员会.中央民族工作会议精神学习辅导读本 [M].北京：民族出版社，2015：197–198.

保护为各民族及其公民提供更多的文化选择和文化自由。中华民族共同体建设视野下各民族非物质文化遗产的传承与发展，就是不断打破文化在民族之间的狭隘区分，不断拓宽各民族公民的文化选择和文化自由，推动各民族文化的现代化发展，促进各民族文化的相互欣赏、相互学习、交流互鉴，回归文化服务于人的本质功能，推进非物质文化遗产在各个民族间的共有共赏共享共传。非物质文化遗产在各民族间的共有共赏共享共传，具体来讲，"共有"是指树立各民族非物质文化遗产都是中华民族共有的文化遗产的理念，每个公民都有保护中华文化遗产的责任和义务；"共享"是指促进各民族非物质文化遗产的交流互鉴，推动各民族共享非物质文化遗产保护成果；"共赏"是促进各民族非物质文化遗产间的相互欣赏和相互学习；"共传"是指各民族公民都积极参与非物质文化遗产的传承和发展，传承中华优秀传统文化。未来如何通过制度层面推动非物质文化遗产在各民族间的共有共享共赏共传仍需探讨。例如，在解决非物质文化遗产后继乏人方面，北京市西城区已经连续八年举办"传承志愿者招募活动"，面向社会公开招募传承爱好者、志愿者、徒弟、学员等，通过与代表性传承人、传承志愿者签订协议等方式解决遗产传承困难的问题，客观上推动了非物质文化遗产在各民族间的共有和共传。

### （二）探索建立新的"非遗实践共同体"内部良性的合作机制，巩固和加深中华民族共同体内部的"有机团结"

基于上文对非物质文化遗产权利（力）结构的分析，从公物理论的角度可以厘清新的"非遗实践共同体"之间复杂的权利义务关系，建立区域性的非物质文化遗产资源许可使用机制，保障非物质文化遗产的署名权，尊重传统社区在非物质文化遗产保护中的主体作用，从而在新的"非遗实践共同体"间建立一种公平合理的协作机制，巩固和加深中华民族共同体内部的有机团结。正如联合国教科文组织《保护非物质文化遗产伦理原则》提出的"相关社区、群体和个人在保护其所持有的非物质文化遗产过程中应发挥主要作用"，"创造非物质文化遗产的社区、群体或个人应从源于这类遗产的精神利益和物质利益的保护中受益"。因此，第一，可以通过规定前置性的程序，如社区（群体或个人）、代表性传承人、项目保护单位、相关利益方等公众参与的内容，通过举行听证会等方式保障传统社区参与非遗传承和发展的权利，充分发挥社区在非遗保护中的主体作用。第二，通过权利分置的方式，将非物质文化遗产上的精神权利归属于社区，财产权利由区域文化行政主管部门行使，这样既能调动区域在非物质文化遗产保护中的积极性和主动性，又可以通过明确权利行使的主体实现非遗上的私有财产权利。第三，非物质文化遗产资源许可使用制度，即以营利为目的使用非物质文化遗产资源的，应当事先取得区域文化主管部门的许可，以签订协议等方式约定非遗资源使用的方式、违约责任，听取相关利益方意见，等等。区域文化主管部门应当为开发者提供其所掌握的非遗资源相关的信息、材料，促进非遗资源的深度、可持续的开发。区域文化主管部门不可以对非遗资源进行排他性的许可，每一个公民都有权利申请许可使用，这是公众基于文化遗产的正当使用权。第四，"许可使用的费用"用来建立非遗保护基金，专门用于区域性非遗的保护和传承。非遗许可使用的费用不同于"知识产权的收益"，也不同于"惠益分享中传统社区的收益"，其不强调传统社区从中直接收益，仅限于非物质文化遗产保护和传承的目的。

**（三）以非遗保护为基础树立和突出各民族共享的中华文化符号，巩固中华文化认同**

朝戈金教授用了一个很形象的比喻来形容非物质文化遗产保护对于中华历史的重要价值："从人类历史发展的时间脉络来看，我们拥有 10 万年会说话的历史，如果把这 10 万年看作一年的话，经过推算，人类是在这一年中的 12 月中旬才学会书写的，也就是说，此前的 11 个半月里面人类都是依靠口头完成信息、知识、技能的传承，总之，文明的赓续几乎是依靠口传完成的。"❶ 即使在文字已经出现的历史上大部分时期，大多民众也

---

❶ 朝戈金. 非物质文化遗产保护的人文学术维度 [J]. 东吴学术，2013（2）：36-43.

并没有机会学习并使用文字，可以说，中华民族的历史相当一大部分承载于口头传承的非物质文化遗产中。这些浩如烟海、丰富灿烂的非物质文化遗产中蕴含着各民族丰富的历史记忆。如有关大禹的文化遗迹，广泛分布于山东、山西、河南、河北、安徽、江苏、浙江、湖南、湖北、四川、重庆、陕西、甘肃、青海、广东、广西等地。以"大禹"专门命名的非遗项目就有"四川省汶川县禹的传说""四川省北川羌族自治县禹的传说""浙江省绍兴市大禹祭典""河南省禹州市禹州药会""武汉大禹治水传说""山西省大禹治水传说""河南登封市大禹神话传说""山东济宁大禹治水传说"等，还有一些有关大禹治水的传说以民歌、民间文学的形式流传。有关蚩尤的文化遗迹广泛流传于重庆、云南、贵州、湖南、四川、海南等多个省份，不仅在苗族地区成为人们共同的历史记忆，在河南省的逐鹿县、山西省的运城市、湖南省的安化市也有许多关于蚩尤的文化遗迹和民间传说。这些非物质文化遗产分布范围广泛，传承于多个民族中，其中蕴含着丰富的各民族共享的中华文化符号和中华民族视觉形象。因此，非物质文化遗产保护应当积极挖掘和整理散落在民间的非物质文化遗产，加强区域间非物质文化遗产保护工作协同机制，通过非遗的宣传、弘扬、展示等不断树立和突出各民族共享的中华文化符号，增强各民族的中华文化认同。

中华民族共同体建设与各民族非物质文化遗产的保护均是系统性、长期性的社会事业。探讨建立什么样的非物质文化遗产传承与发展制度，某种程度上意味着通过非遗保护在各民族、不同群体之间建立何种新型的伦理关系及这种新型的伦理关系如何能够更好地促进中华文化的创造性转化和创新性发展，促进中华文化的大发展、大繁荣。